Ratgeber Stress und Stressbewältigung

Ratgeber zur Reihe Fortschritte der Psychotherapie
Band 43

Ratgeber Stress und Stressbewältigung

Dr. Tobias Stächele, Prof. Dr. Markus Heinrichs, Prof. Dr. Gregor Domes

Herausgeber der Reihe:

Prof. Dr. Martin Hautzinger, Prof. Dr. Tania Lincoln, Prof. Dr. Jürgen Margraf, Prof. Dr. Winfried Rief, Prof. Dr. Brunna Tuschen-Caffier

Begründer der Reihe:

Dietmar Schulte, Klaus Grawe, Kurt Hahlweg, Dieter Vaitl

Tobias Stächele
Markus Heinrichs
Gregor Domes

Ratgeber Stress und Stressbewältigung

Informationen für Betroffene und Angehörige

hogrefe

Dr. Tobias Stächele, geb. 1972. Seit 2010 Co-Leiter der „Psychotherapeutischen Hochschulambulanz für stressbedingte Erkrankungen“ an der Universität Freiburg. Seit 2016 Akademischer Rat in der Abteilung für Biologische und Differentielle Psychologie der Universität Freiburg.

Prof. Dr. Markus Heinrichs, geb. 1968. Seit 2009 Ordinarius für Psychologie und Leiter der Abteilung Biologische und Differentielle Psychologie am Institut für Psychologie der Universität Freiburg sowie Leiter der „Psychotherapeutischen Hochschulambulanz für stressbedingte Erkrankungen“.

Prof. Dr. Gregor Domes, geb. 1972. Seit 2016 Leiter der Abteilung für Biologische und Klinische Psychologie der Universität Trier und Sprecher des Universitären Forschungsschwerpunktes „Psychobiologie des Stresses“.

Bibliografische Information der Deutschen Nationalbibliothek
Die Deutsche Nationalbibliothek verzeichnet diese Publikation in der Deutschen Nationalbibliografie; detaillierte bibliografische Daten sind im Internet über http://dnb.dnb.de abrufbar.

Hogrefe Verlag GmbH & Co. KG
Merkelstraße 3
37085 Göttingen
Deutschland
Tel. +49 551 999 50 0
Fax +49 551 999 50 111
info@hogrefe.de
www.hogrefe.de

Umschlagabbildung: © iStock.com by Getty Images / Aja Koska
Satz: Sabine Rosenfeldt, Hogrefe Verlag GmbH & Co. KG, Göttingen
Druck: mediaprint solutions GmbH, Paderborn
Printed in Germany
Auf säurefreiem Papier gedruckt

1. Auflage 2020

(E-Book-ISBN [PDF] 978-3-8409-2824-6; E-Book-ISBN [EPUB] 978-3-8444-2824-7)
ISBN 978-3-8017-2824-3
https://doi.org/10.1026/02824-000

Inhalt

Vorwort

Der Begriff „Stress“ ist aus unserer Alltagssprache nicht mehr wegzudenken: Wir fühlen uns gestresst, wir leiden unter zu viel Stress, wir müssen dringend etwas gegen unseren Stress tun. Wenngleich Stress, ebenso wie Burnout, keine diagnostizierbare Krankheit ist, stellen psychosoziale Belastungen wesentliche Risikofaktoren für die Entstehung und Aufrechterhaltung zahlreicher psychischer, psychosomatischer und körperlicher Erkrankungen dar. Über 80 % der Bevölkerung im deutschsprachigen Raum leidet subjektiv zumindest gelegentlich unter Stress, ein Drittel berichtet häufige oder sogar ständige Überlastung durch Stress, ohne über ausreichende Bewältigungsmöglichkeiten zu verfügen. Und die Weltgesundheitsorganisation (WHO) bewertet Stress als „eine der größten Gesundheitsgefahren des 21. Jahrhunderts“.

Dieser Ratgeber wendet sich an alle, die unter Stress leiden und diesen erfolgreich bewältigen möchten. Es ist unser Anliegen, in diesem Buch das Phänomen „Stress“ auf dem aktuellen wissenschaftlich belegten Hintergrund zunächst allgemeinverständlich zu erläutern: Was ist eigentlich Stress? Wie entsteht Stress? Wie wirken sich Stressbelastungen aus? Wie kann mangelhaft bewältigter Stress meine Gesundheit ernsthaft beeinträchtigen? Dieser Ratgeber bietet Ihnen eine individuelle Analyse Ihrer Stressfaktoren, Stressreaktionen und schützenden Ressourcen. Anhand von Fallbeispielen lernen Sie andere Betroffene kennen. Der Schwerpunkt liegt schließlich auf einer Reihe wissenschaftlich belegter, wirksamer Übungen und Techniken, die an unterschiedlichen Punkten ansetzen: von der Verbesserung der Regenerationsfähigkeit über eine aktive Veränderung von Stressauslösern und hohen Anforderungen bis zu einfach zu lernenden und wirksamen Entspannungstechniken. Die dazu von uns entwickelten Übungen lassen sich individuell und nach Bedarf auswählen und in Ihren Alltag integrieren – finden Sie heraus, von welchen Übungen Sie am meisten profitieren! Nutzen Sie dazu unbedingt die Übungsfragen sowie die Arbeitsblätter, die wir im Anhang beigefügt haben.

Wir, die Autoren dieses Ratgebers, arbeiten wissenschaftlich und therapeutisch seit vielen Jahren mit Patientinnen und Patienten mit unterschiedlichen stressbedingten Erkrankungen – in der psychotherapeutischen Behandlung, der Entwicklung neuer Stressmanagementprogramme sowie in der Aus- und Weiterbildung psychologischer und ärztlicher Psychotherapeutinnen und Psychotherapeuten. Darüber hinaus stellt die Forschung zu den psychologischen und neurobiologischen Ursachen und Auswirkungen von Stress einen Schwerpunkt unserer wissenschaftlichen Arbeit dar. Vor diesem Hintergrund ist zu sagen, dass dieses Ratgeberbuch keine Psychotherapie ersetzen kann, wo diese aufgrund schwerwiegender Belastungen oder gar depressiver Verläufe erforderlich wäre. Wir haben jedoch die Erfahrung gemacht, dass wirksame Techniken eines gelingenden Stressmanagements durchaus in Eigenregie eingeübt und erfolgreich angewendet werden können – ganz unabhängig von, aber auch begleitend zu einer Psychotherapie. Verbesserte Stresskompetenzen schützen im Sinne einer Prävention auch vor zukünftigen Stressbelastungen.

Unser Dank gilt unseren Kolleginnen und Kollegen an den beiden Lehrstühlen der Universitäten in Freiburg und Trier sowie unserem Team der „Psychotherapeutischen Hochschulambulanz für stressbedingte Erkrankungen“ an der Universität Freiburg für den intensiven Austausch, die wertvollen Anregungen und die Bereitschaft, die in diesem Buch beschriebenen Interventionsansätze in Forschung und klinischer Anwendung kontinuierlich weiterzuentwickeln.

Und nun wünschen wir Ihnen viel Erfolg auf Ihrem Weg zu einer guten Balance zwischen Anspannung und Entspannung und hin zu einem erfolgreichen Stressmanagement in Ihrem beruflichen und privaten Leben!

Freiburg im Breisgau und Trier,
im Frühling 2020

T. Stächele, M. Heinrichs
und *G. Domes*

1 Was ist Stress

Hektik, Zeitdruck, Arbeitsverdichtung, hohe Erwartungshaltung durch andere, Leistungsdruck, ständige Erreichbarkeit oder fehlende Erholungsmöglichkeiten – die Situationen in denen Stress aufkommt sind vielfältig und lauern in allen Lebensbereichen: Beruf, Familie und Freizeit.

Was ist Stress? Stress ist eine Reaktion in Situationen, in denen wir herausgefordert sind, unsere Aktivität zu konzentrieren, um die Situation erfolgreich zu meistern. Im Alltagsverständnis ist Stress mit dem Anstieg von innerer Anspannung, Druck und Nervosität, bei intensivem Stress auch mit steigender Gereiztheit oder einer ausgeprägten Fokussierung auf das herausfordernde Ereignis verbunden. Der Begriff ist nahezu allgegenwärtig und wird häufig unspezifisch verwendet; bisweilen soll damit auch nur zum Ausdruck gebracht werden, dass Zeit, Ruhe, Gelassenheit und Muße fehlen.

Stress hat dabei zwei Seiten. Auf der einen Seite ist er ein wichtiger Überlebensmechanismus, welcher die nötige Energie freisetzt, um eine bedrohliche Situation erfolgreich zu meistern, auf der anderen Seite kann zu häufiger, zu lange anhaltender oder zu intensiver Stress zu gesundheitlichen Problemen führen.

Der Ratgeber möchte über das Phänomen Stress informieren und einen Überblick über verschiedene Möglichkeiten des Umgangs mit Stress und der gesunden Bewältigung hoher Anforderungen bieten.

1.1 Welche Arten von Stress gibt es?

Alltagsstress

Alltagsstress beschreibt Situationen und Reaktionen, wie sie regelmäßig im beruflichen und privaten Leben vorkommen. Verschiedene Befragungen zeigen, dass der berufliche Stress in den vergangenen Jahren deutlich zugenommen hat, und zwar vor allem bei Personen, die sich generell häufig gestresst fühlen. Zum Alltagsstress tragen vor allem äußere Anforderungen bei, wie Zeit- und Leistungsdruck bei der Arbeit, finanzielle Sorgen, Erziehung und Pflege von Familienangehörigen oder ständige Erreichbarkeit. Bei den wichtigsten Stressfaktoren im Alltag werden jedoch auch innere Anforderungen genannt, also hohe Ansprüche an sich selbst, Perfektionsstreben oder den Drang, in seine Freizeit möglichst viele Aktivitäten zu packen.

Alltagsstress ist ein verbreitetes Phänomen, bei dem Situationen oder Umstände, wiederkehrend oder andauernd, belasten. Die Belastung entsteht entweder durch eine einzelne Situation oder aber durch die Summe vieler, möglicherweise einzeln betrachtet wenig bedeutsamer, Ereignisse. Zur Bewältigung und Lösung wird dann ein erhöhtes Maß an zusätzlicher Aufmerksamkeit und Anstrengung erforderlich. Dabei wird Stress erst dann als solcher bezeichnet, wenn damit negative Gedanken und Gefühle einhergehen.

Ein weiteres Merkmal von Alltagsstress ist die oftmals fehlende Möglichkeit, sich von den einzelnen belastenden Situationen und Ereignissen ausreichend zu erholen. Typische Situationen in denen eine Erholung erschwert ist, sind: überlange Arbeitszeiten, ständige Erreichbarkeit, Pflege eines nahen Angehörigen, Partnerschaftskonflikte, Auseinandersetzungen mit Angehörigen, Nachbarschaftskonflikte oder Überforderung mit häuslichen Aufgaben.

Eine Sonderstellung nehmen arbeitsbezogene Belastungen bzw. berufsbedingter Stress ein. Diese werden als die häufigste Quelle des persönlichen Stresses angegeben und als besonders belastend beschrieben. Obwohl sie zunächst nur den beruflichen Lebensbereich betreffen, können sie erhebliche Auswirkungen auf andere Lebensbereiche und auch auf indirekt betroffene Personen, wie den Partner oder eigene Kinder haben.

Fallbeispiel: Erhöhter Alltagsstress und fehlende Erholung

Herr K., 48 Jahre alt, fühlt sich seit einiger Zeit gereizt und innerlich aufgewühlt. Er kenne bislang keine psychischen Probleme und sei selbst erstaunt, was mit ihm los sei. Bislang sei er stets ein optimistischer, aktiver und geselliger Mensch gewesen. Über stressige Zeiten hätten ihm sein regelmäßiges Sportprogramm und seine fürsorgliche Ehefrau immer hinweggeholfen. Aber momentan fühle er sich seiner Gelassenheit und Unbeschwertheit beraubt. Erstmals aufgetreten seien die Beschwerden kurz nach der Übernahme seines Arbeitgebers durch einen internationalen Konzern vor zwei Jahren. Er arbeite dort seit 15 Jahren als Teamleiter im Marketing. Durch die Übernahme habe sich aber alles verändert: Das Unternehmensklima sei belastet, alles werde durchleuchtet und kontrolliert. Er wisse nicht, ob er seine Stelle langfristig behalten könne. Wie er damit gut umgehen soll, wisse er noch nicht. Momentan bereiten ihm seine Freizeitaktivitäten keinen Spaß mehr; er denke immer wieder an die Arbeit. Im Büro strenge er sich mehr an, sei schneller reizbar und versuche mit vertrauten Kollegen die aktuellen Veränderungen zu besprechen – in der Hoffnung, dadurch herausfinden zu können, wie es weitergehen werde. Insgesamt sei sein Arbeitstempo jedoch langsamer geworden und er mache mehr Überstunden, wodurch die Zeit für Erholung zunehmend fehle. Es drehe sich immer mehr um die Arbeit und darunter leide nun auch seine Partnerschaft. Durch seinen innerlichen Rückzug sowie vermehrtes Schweigen seinerseits habe sich auch die Kommunikation mit seiner Frau verschlechtert und es treten daheim immer häufiger Konflikte auf.

Am Beispiel von Herrn K. wird deutlich, dass Alltagsstress sowohl mit Belastungsfaktoren zu tun hat (berufliche Veränderung beim Arbeitgeber, Überstunden), aber auch mit dem Umgang damit (Sorge um den Arbeitsplatz, fehlende Ideen zur Bewältigung, Gedanken an die Arbeit auch in der Freizeit) und mit der Möglichkeit der Erholung (Sportprogramm eingeschränkt, zunehmende Probleme in der Partnerschaft).

Werden derartige arbeitsbezogene bzw. berufsbedingte Belastungen chronisch und eine Bewältigung gelingt über längere Zeit nicht, kann dies ein bedeutsamer Risikofaktor für unterschiedliche körperliche Beschwerden und psychische Erkrankungen sein. Beispielsweise können sich daraus ein Burnout-Syndrom oder auch eine Depression entwickeln.

Auslöser von Stress finden sich sowohl im Beruf als auch in anderen Lebensbereichen. Stärker noch als der Auslöser und der Lebensbereich sind die individuellen Umgangsweisen mit den Auslösern wichtig für die Auswirkungen von Stress. Solange der Umgang mit alltäglichen Anforderungen – beruflich oder privat – die Stressquelle darstellt, wird in diesem Ratgeber alles unter Alltagsstress zusammengefasst.

Stress durch „kritische" Lebensereignisse

Von Alltagstress sind Situationen abzugrenzen, die ebenfalls zu Stress führen können, die jedoch wesentlich seltener vorkommen und besondere Ereignisse darstellen. Diese Situationen bezeichnet man auch als „kritische Lebensereignisse", da sie unsere Anpassungsfähigkeit in besonderem Maße herausfordern. Zu diesen Ereignissen gehören sowohl positive als auch negative Ereignisse, wie z. B. eine Beförderung, der Wechsel des Arbeitsplatzes, eine Krankheitsdiagnose im Familienkreis, der Umzug in eine neue Stadt, eine Hochzeit, der Tod eines nahen Angehörigen, die Geburt eines Kindes, ein Schulwechsel, der Verlust des Arbeitsplatzes oder der Übergang in den Ruhestand.

Oft gelingen die Neuorientierung und die Anpassung an die neue Lebenssituation. In manchen Fällen sind die mit den Anpassungen verbundenen Schwierigkeiten länger anhaltend. In solchen Fällen kann sich eine sogenannte Anpassungsstörung entwickeln, die unter Umständen psychotherapeutisch zu behandeln ist.

Exkurs: Anpassungsstörung

Eine Anpassungsstörung ist eine psychische Reaktion auf ein einmaliges belastendes Ereignis oder sich daraus ergebende dauerhafte Belastungen, die eine Reihe von emotionalen und verhaltensseitigen Symptomen nach sich ziehen. Zu den häufigen Auslösern gehören z. B. das Ende einer Beziehung, Partnerschaftsprobleme, arbeitsbezogene Belastungen oder „Mobbing". Zu den üblichen Anzeichen einer Anpassungsstörung gehören Freudlosigkeit, Gefühl der Leere, Grübeln, Sorgen, depressive Verstimmung, Angst oder Trauer. Die Symptome ähneln dabei denen einer Depression oder einer Angsterkrankung, sind aber im Einzelnen nicht so ausgeprägt, dass sie eine dieser Diagnosen rechtfertigen. Anpassungsstörungen werden allgemein als Reaktionen auf Belastungen angesehen, welche dazu führen können, dass es den Betroffenen schwerfällt, ihren Alltag zu bewältigen und den beruflichen Anforderungen gerecht zu werden. Dies kann bis hin zu Arbeitsunfähigkeit und schwerwiegenden Beziehungsproblemen führen.

Traumatischer Stress

Eine extreme Form von Stress ist mit Situationen verbunden, bei denen Leib oder Leben bedroht sind. Dazu gehören z.B. schwere Verletzungen, körperliche Gewalterfahrungen, sexualisierte Gewalt, Folter, Naturkatastrophen, schwere Unfälle und ähnliche bedrohliche Situationen. Diese Situationen nennt man potentiell traumatisch, weil sie ähnlich einer körperlichen Verletzung länger anhaltende psychische Symptome nach sich ziehen können.

Wer derartige Situationen erlebt oder beobachtet hat, kann sich in verschiedenen Alltagssituationen ebenfalls gestresst fühlen. Die Ursache ist jedoch in vielen Fällen nicht der Alltagsstress, sondern das ursprüngliche überfordernde traumatische Erlebnis.

Bei den meisten Menschen löst ein traumatisches Erlebnis eine akute Belastungsreaktion aus, die nach einigen Tagen, spätestens Wochen, von allein nachlässt. Bei einigen Menschen stellt sich als längerfristige Folge der emotionalen Überforderung eine psychische Erkrankung ein, dies kann u.a. eine posttraumatische Belastungsstörung oder eine Depression sein. Wenn psychische Symptome (u.a. belastende Erinnerungen, Alpträume, Konzentrationsschwierigkeiten, Vermeidung von Alltagstätigkeiten, Aggressivität, Teilnahmslosigkeit, Verlust der Lebensfreude) nach einer solchen Erfahrung über mehr als vier Wochen anhalten, ist häufig eine Psychotherapie notwendig. Die Kognitive Verhaltenstherapie hat sich bei der posttraumatischen Belastungsstörung als eine effektive Therapie bewährt.

Exkurs: Akute Belastungsreaktion und posttraumatische Belastungsstörung

Eine akute Belastungsreaktion setzt oftmals kurz nach einem traumatischen Erlebnis ein und dauert Tage oder wenige Wochen. Während oder unmittelbar nach dem Ereignis ist bei vielen Betroffenen vor allem das Gefühl der Betäubung auffällig. Das Gefühl, nicht man selbst zu sein oder sich selbst und die Umgebung irgendwie unwirklich wahrzunehmen, bezeichnet man als dissoziatives Symptom. Hinzu kommen häufig starke emotionale Schwankungen, wobei sich überwältigende Trauer, Angst, Wut oder Aggressionen mit scheinbarer Teilnahmelosigkeit abwechseln können. Nicht selten sind auch akute Stressreaktionen des Körpers, wie Herzrasen, Schwitzen und Übelkeit. In den nachfolgenden Tagen bis Wochen der Verarbeitung kommen weitere Symptome hinzu, die üblicherweise im Laufe von wenigen Wochen in Häufigkeit und Intensität abnehmen. Hierzu gehören belastende Erinnerungen, die durch bestimmte Gerüche oder Geräusche ausgelöst werden, mit der Tendenz Situationen oder Orte zu vermeiden, die mit dem Erlebnis verbunden sind. Zusätzlich kommen häufig Alpträume und das Gefühl einer eingeschränkten Fähigkeit, Gefühle empfinden zu können, hinzu. Schließlich berichten viele Betroffene über ein erhöhtes Erregungsniveau, welches sich in Schlafstörungen, einer erhöhten Schreckhaftigkeit und Reizbarkeit äußern kann.

Bestehen diese Symptome länger als 4 Wochen und kommt eine bedeutsame psychische oder soziale Beeinträchtigung durch diese Symptome hinzu, spricht man von einer posttraumatischen Belastungsstörung.

Fallbeispiel: Stress im Rahmen einer posttraumatischen Belastungsstörung

Herr Z., 38 Jahre alt, war vor einigen Jahren als Zeitsoldat an mehreren Auslandseinsätzen beteiligt und dabei auch in lebensbedrohliche Situationen involviert. Er sei auf seine gemachten Erfahrungen stolz und blicke positiv auf die Zeit zurück. Direkt nach seiner Rückkehr sei er zwei Wochen in einem Bundeswehrkrankenhaus behandelt worden, da seine Stimmung gedrückt war und ihm die Integration in den Alltag schwer viel. Danach sei es ihm gut gegangen, er habe geheiratet, einen Beruf aufgenommen und sei Vater geworden. Seit zwei Jahren erlebe er zunehmend Stress im Beruf. Parallel dazu träten für ihn nicht erklärbare psychische Beschwerden auf. Er habe Konzentrationsschwierigkeiten, Schlafstörungen, Alpträume und immer wieder blitzten kurze Erinnerungen an Szenen aus seiner Einsatzzeit auf. Dies sei schlimmer geworden, seitdem er sich im Internet kurze Videofilme zu Bundeswehreinsätzen im Ausland angeschaut habe. Da er vor allem den alltäglichen Berufsstress als Ursache sähe, versuche er, sich durch Entspannungsübungen abzulenken und mehr Sport zu treiben. Dies habe allerdings zu zunehmender Unruhe geführt und ab und zu bekäme er auch Angstattacken. Nun möchte er sich professionelle Hilfe holen; am besten gute Tipps gegen den beruflichen Stress. Die Therapeutin verschafft sich einen Überblick über die Beschwerden, die aktuellen Belastungsfaktoren und wichtige Lebensereignisse, um eine Diagnose stellen zu können. Dabei wird eine posttraumatische Belastungsstörung diagnostiziert. Die lebensbedrohlichen Ereignisse von damals sind in Verbindung mit aktuellen Belastungen zu einer überfordernden emotionalen und körperlichen Stressreaktion geworden. Die Behandlung setzt daher nicht beim aktuellen Stress an, sondern es geht vielmehr darum, die damaligen Ereignisse so zu verarbeiten, dass Hr. Z. sich auch emotional wieder sicher fühlen kann und sein Gedächtnis die heutige Lebenssituation klar von den vergangenen Erlebnissen trennt. Dies ist am besten im Rahmen einer Psychotherapie möglich.

Zusammenfassender Überblick

Die drei dargestellten Arten von Stress (vgl. Abbildung 1) können als aktive Reaktion des gesamten Organismus verstanden werden, um eine bedrohliche oder herausfordernde Situation erfolgreich zu lösen:

- Bei *Alltagsstress* werden Anstrengungen unternommen, um wiederkehrende hohe Anforderungen in Beruf, Familie oder Freizeit zu meistern und somit den Alltag zu bewältigen.
- Bei *besonderen Lebensereignissen* werden Anstrengungen unternommen, um eine Anpassung an die Veränderungen zu erreichen. Der Fokus liegt dabei

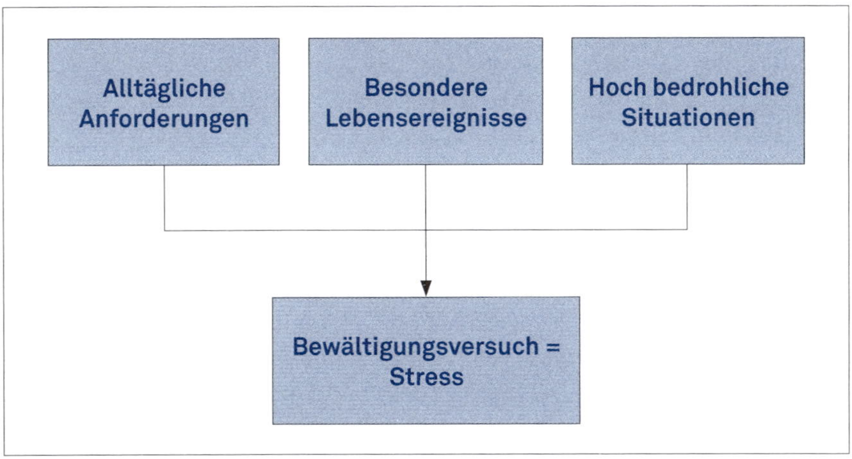

Abbildung 1: Unterschiedliche Stressarten

nicht auf einer einzelnen Anforderung, sondern darauf, dass der Übergang in eine neue Lebenssituation gelingt und positiv bewältigt wird.

- Bei *traumatischem Stress* hat der Organismus versucht, eine hoch bedrohliche Situation durch die Bereitstellung von maximaler Energie zu meistern. Bei einigen Menschen führt das überstandene Erlebnis auch nach längerer Zeit immer wieder zu erhöhten Belastungsreaktionen.

In diesem Ratgeber liegt der Schwerpunkt auf Alltagsstress. Es geht in erster Linie darum, zu verstehen, wie es zu einem erhöhten Ausmaß an Alltagsstress kommt, welche Folgen mit wiederholten und langanhaltenden Stressphasen verbunden sind und welche Möglichkeiten es gibt, um mit derartigen Situationen erfolgreich umzugehen und die negativen Folgen alltäglichen Stresses zu mildern. Zu bedenken ist dabei, dass trotz aller Bemühungen die hier skizzierten Maßnahmen der Selbsthilfe nicht für jeden ausreichend sind.

Stress als Welle

Die Frage „Was ist Stress?“ wird durch die unterschiedlichen Stressarten zwar strukturiert, jedoch noch nicht geklärt. Im Folgenden geht es darum, zu erläutern, wie man sich Alltagsstress genauer vorstellen kann und was im Allgemeinen passiert, wenn die alltäglichen Anforderungen unsere Bewältigungsmöglichkeiten besonders fordern.

Stress ist eine körperliche, emotionale und gedankliche Reaktion, die energieaufwändig ist. Die Energie ist erforderlich, um der Stressquelle („Stressreiz“) zu begegnen und die belastende Situation zu bewältigen. Diese sogenannte „akute Stressreaktion“ umfasst drei Phasen: die Aktivierung der Zusatzenergie, die akute Stressphase und die Erholungsphase, in der die Aktivierung wieder sinkt. Eine bildhafte Darstellung dieser drei Phasen lässt sich als Welle darstellen (vgl. Abbildung 2).

Die Darstellung einer Stressreaktion als Welle zeigt den Verlauf des Stresslevels nach einem Stressreiz an, das sich sowohl in der körperlichen Anspannung, der emotionalen Aktivierung als auch in der gedanklichen Fokussierung auf den Stress zeigt. Im Alltag pendelt das Stresslevel auf einem mittleren Niveau und stellt so die Alltagstauglichkeit sicher. Ohne besondere Stressreize bzw. Anforderungen können Aufgaben erledigt und der Alltag bewältigt werden.

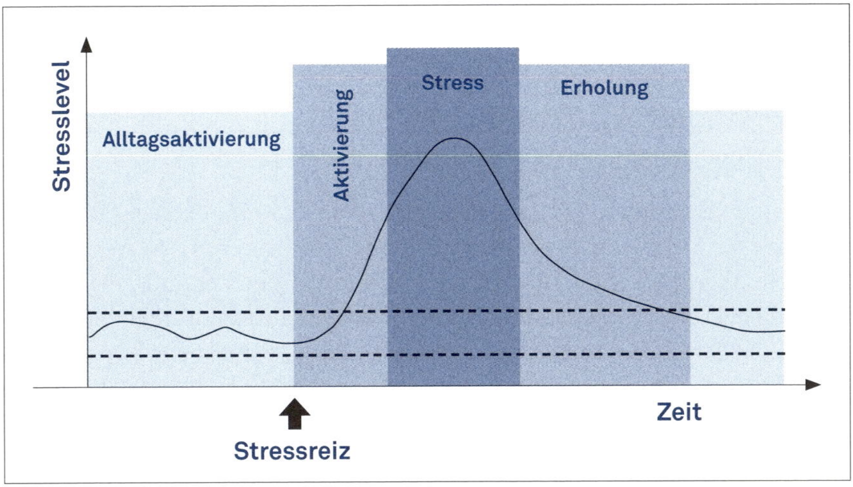

Abbildung 2: Phasen der akuten Stressreaktion

Als Reaktion auf einen auslösenden Stressreiz wird der Organismus aktiviert und das Stresslevel steigt an. Das Ausmaß an Aktiviertheit zeigt sich in der Höhe der Welle: Bei geringer Intensität oder Bedeutsamkeit des Stressreizes oder bei hoher Zuversicht, die Situation erfolgreich zu meistern, ist die Welle nicht so hoch wie bei intensivem Stress oder wenig Aussicht auf Erfolg. Ist der Stressreiz bewältigt, sinkt das Stresslevel wieder und die Erholungsphase beginnt. Erst wenn das Stresslevel wieder im Bereich des Ausgangniveaus angekommen ist, ist die Aktivierung und somit auch die Stressepisode beendet. Je höher und je länger die Aktivierung desto länger kann die Erholung andauern.

Akute Stressreaktionen sind zusammenfassend betrachtet eine natürliche und gesunde Reaktion des Organismus. Sie fördern die Anpassung an sich wechselnde Umweltanforderungen und führen gewissermaßen zu einem Trainingseffekt, vorausgesetzt die Person ist in der Lage den Stress zu meistern und immer wieder in einen Zustand der Erholung zu kommen. Damit sind sie ein Anpassungs- und Überlebensmechanismus, um aus Anforderungen zu lernen und potentiell dazu beitragen, in zukünftigen Situationen kompetenter und effizienter zu reagieren.

Verschiedene Faktoren tragen nachweislich dazu bei, dass Stress reduziert werden kann oder dass Erholung besser gelingt.

Die wichtigsten „Stresspuffer“ sind:

- Optimismus, die Situation gut bewältigen zu können,
- Unterstützung durch das soziale Umfeld,
- körperliche Aktivität und Fitness,
- Entspannung.

Problematisch wird Stress, wenn dieser chronisch wird. Im Bild der Welle gesprochen bleibt die Aktivierung dann dauerhaft hoch oder es folgt, noch bevor die Welle abgeklungen ist, die nächste Aktivierung. Unter chronischem Stress werden Umstände verstanden, in denen entweder die auslösenden Belastungen häufig bzw. dauerhaft vorhanden sind und somit stets neue Stressreaktionen auftreten. In diesen Situationen findet in vielen Fällen keine Erholung mehr statt und der Organismus gerät in einen Zustand vermehrter Erschöpfung. Der natürliche Trainingseffekt akuter Stressreaktionen in Verbindung mit ausreichender Erholung bleibt aus.

Wenn wir im Alltagsverständnis von Stress sprechen, meinen wir oft implizit Situationen und Umstände, in denen wir dauerhaft gestresst und überfordert sind. Zu den möglichen Folgen dieser Situationen und Umstände finden sich weitere Informationen im Verlauf dieses Ratgebers, in welchem wir erläutern, wie durch Stress das Risiko für psychische und körperliche Erkrankungen steigen kann.

Wichtig: Welche Arten von Stress gibt es?

- Stress kann auftreten als *Alltagsstress, als Folge von kritischen Lebensereignissen* oder *als traumatischer Stress.*
- Alle drei Arten von Stress können auf unterschiedliche Weise die Bewältigungskapazität einer Person übersteigen und zu stressassoziierten Beschwerden bis hin zu behandlungsbedürftigen psychischen Erkrankungen führen (u.a. Anpassungsstörung, Depression, posttraumatische Belastungsstörung).
- Als *akuter Stress* wird eine einzelne Stressepisode bezeichnet, die aus den Phasen „Aktivierung“, „Stress“ und „Erholung“ besteht. Ausgelöst wird eine akute Stressphase durch ein Ungleichgewicht von Anforderungen und Bewältigungsmöglichkeiten. Eine akute Stressepisode ist jedoch zunächst eine gesunde Reaktion des Organismus.

- Die erfolgreiche Bewältigung akuter Belastungen durch eine Stressepisode mit anschließender Erholung hat einen Trainingseffekt und erhöht die Anpassungsfähigkeit für künftige Stresssituationen.
- Soziale Unterstützung, positive Gedanken, körperliche Aktivität und Entspannung sind wichtige Stresspuffer und helfen dabei, Stress zu reduzieren.
- Im Gegensatz zu einer akuten Stressepisode gilt *chronischer Stress* als Risiko für die Gesundheit. Chronisch wird Stress, wenn er zu intensiv, zu lange oder zu häufig auftritt und es dem Organismus nicht gelingt, sich wieder zu erholen und nach einer Aktivierung wieder in eine Balance zu kommen.

1.2 Wer ist von Stress betroffen?

Obwohl die meisten Menschen auf Nachfrage angeben, dass sie irgendwann schon einmal unter Stress im oben beschriebenen Sinn gelitten haben, unterscheiden sie sich deutlich in Häufigkeit und Ausmaß, mit welchem sie Stress berichten. Groß angelegte Umfragen geben Hinweise, in welchem Ausmaß Stress in der Allgemeinbevölkerung verteilt ist und welche Ursachen die Befragten angeben. Verschiedene Studien von Krankenversicherungsträgern zeigen immer wieder, dass im deutschsprachigen Raum über die Hälfte der Befragten manchmal oder häufig unter Stress leiden (vgl. Abbildung 3).

Stress hat für die Befragten offenbar verschiedene Ursachen und Quellen. Es ist wenig überraschend, dass das Arbeitsumfeld (Beruf, Schule und Ausbildung) als häufigste Stressquelle genannt wird. Es folgen hohe Ansprüche an sich selbst, Termindruck, Teilnahme am Straßenverkehr und ständige Erreichbarkeit. Die Erkrankung eines nahestehenden Angehörigen und Konflikte im privaten Bereich werden von gut einem Viertel der Befragten mit wenigstens gelegentlichem Alltagsstress als Ursache angegeben. Schließlich folgen typische Belastungen häuslicher Tätigkeiten wie Hausarbeit, Kindererziehung und die Pflege von Angehörigen (vgl. Abbildung 4).

Hier zeigen sich Unterschiede zwischen Männern und Frauen. Während Männer vor allem die Arbeit (Beruf, Ausbildung, Schule) als Stressquelle angeben und die ständige Erreichbarkeit häufiger beklagen als Frauen, zeigen sich bei sozialen und häuslichen Aufgaben im Durchschnitt mehr Frauen gestresst (vgl. Abbildung 5).

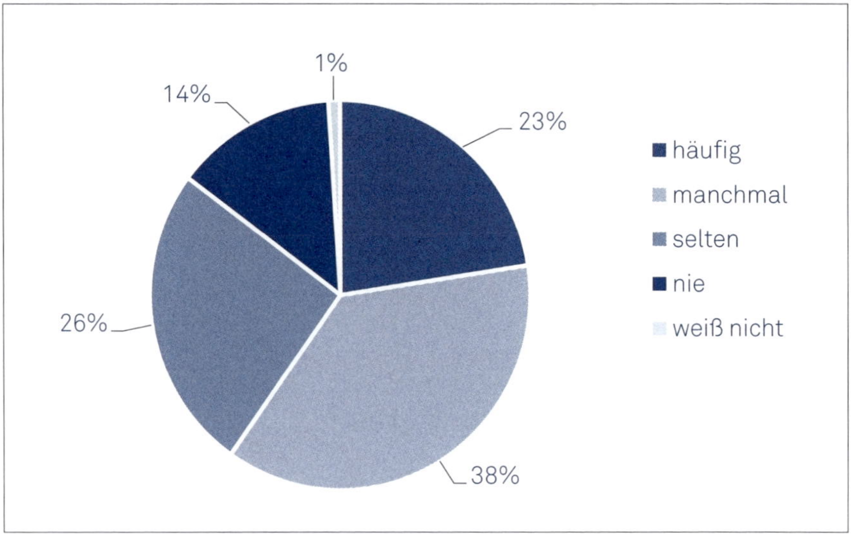

Abbildung 3: Ausmaß der Stressbelastung in der Allgemeinbevölkerung (Quelle: Techniker Krankenkasse, 2016)

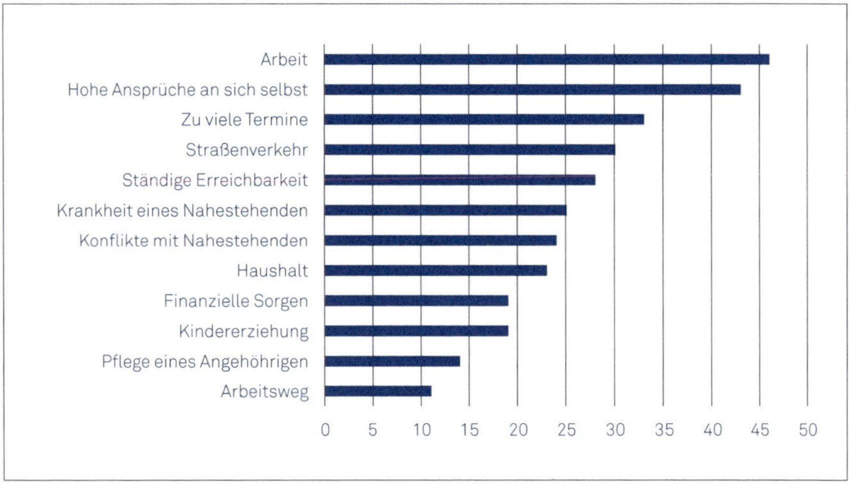

Abbildung 4: Die Hauptquellen von Alltagsstress: Angaben zu den Ursachen von Stress aller Teilnehmenden, die selten bis häufig Stress angegeben haben [Mehrfachnennungen möglich] (Quelle: Techniker Krankenkasse, 2016)

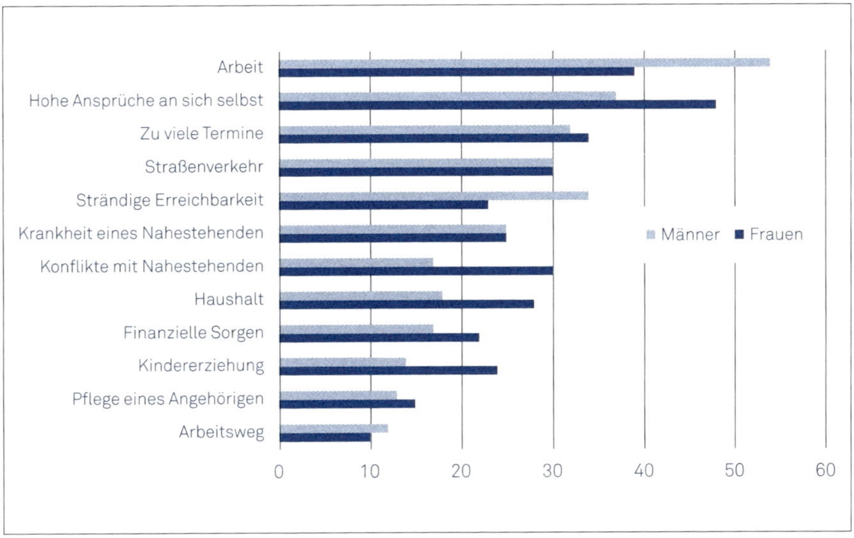

Abbildung 5: Männer und Frauen berichten unterschiedliche Stressoren: Angaben zu den Ursachen von Stress aller Teilnehmenden, die selten bis häufig Stress angegeben haben [Mehrfachnennungen möglich] (Quelle: Techniker Krankenkasse, 2016)

Neben den Geschlechtern zeigen sich auch Unterschiede im Stress zwischen Berufsgruppen. Einige Berufsgruppen sind häufiger von chronischem Stress betroffen als andere. So berichtet beispielsweise die AOK in ihrem Fehlzeitenreport 2018 die meisten Arbeitsunfähigkeitsfälle pro 100 Mitglieder aufgrund von psychischen Störungen bei Callcenter-Mitarbeitern, Pflegeberufen, Lehrkräften und Fahrern im öffentlichen Nahverkehr. Die Häufigkeit von psychischen Erkrankungen wird in diesen Berufen mit dem erlebten Stress in Verbindung gebracht. In diesen Berufen ist demnach das Risiko für stressbedingte Erkrankungen gegenüber anderen Professionen erhöht.

Aus anderen Untersuchungen ist bekannt, dass es weitere Personengruppen gibt, die überproportional häufig unter Stress leiden und einem erhöhten Ausmaß an Belastungen im Alltag ausgesetzt sind. Zu den Personen mit erhöhtem Risiko zählen: Allerziehende, pflegende Angehörige, Angehörige von Menschen mit psychischen und chronischen körperlichen Erkrankungen.

Wichtig: Wer ist von Stress betroffen?

- Die Mehrzahl der Menschen gibt an, zumindest gelegentlich unter Stress zu leiden.
- An erster Stelle wird das berufliche oder schulische Umfeld als Ursache von Stress angegeben. Private Stressoren wie Hausarbeit, Kinderziehung und Pflege rangieren an nachgeordneter Stelle.
- Berufsbedingte Belastungen und Stress sind in einigen Berufsgruppe ausgeprägter. Darüber hinaus gibt es private Umstände, welche die Stressbelastung deutlich erhöhen.

1.3 Wie wirkt sich mein Stress auf andere aus?

In akuten Stressepisoden werden die evolutionär alten Verhaltensprogramme „Angriff" oder „Flucht" aktiviert und sind bei intensivem Stress nur bedingt zu unterdrücken. Die damit verbundenen Verhaltensimpulse sind für andere Personen oftmals anhand von Mimik, Gestik, Körperhaltung oder untypischen Verhaltensweisen zu erkennen. Das heißt, es ist sehr schwierig, den eigenen Stress vor anderen erfolgreich zu verbergen. In manchen Fällen machen andere Personen erst darauf aufmerksam, dass man im Stress ist.

Stress bei sich selbst zu erkennen, fällt manchen sogar schwerer als bei anderen zu merken, dass sie gestresst sind. Dies ist deshalb der Fall, da Stress dazu führt, dass die Konzentration auf die zu bekämpfende Stressquelle die Wahrnehmung von der eigenen Person ablenken kann. Soziale Situationen mit gestressten Menschen sind oftmals mühsam. Die Geschwindigkeit der Kommunikation ändert sich und Emotionen treten stärker in den Vordergrund. In manchen Situationen wirkt Stress sogar „ansteckend" auf andere. Wird der Stress chronisch und die betroffene Person steht dauerhaft unter hohem Druck ohne sich davon ausreichend erholen zu können, werden die Wirkungen auf andere noch massiver.

Stress hat direkte und indirekte Auswirkungen auf Personen, die mit der gestressten Person zu tun haben: Unter Stress und Anspannung sinkt die Reizschwelle und es wird schneller mit impulsivem bzw. gereiztem Verhalten reagiert. Zudem drehen sich gestresste Menschen gedanklich stark um die Stressquelle und sind für ihr soziales Umfeld (physisch oder emotional) schwerer erreichbar. Für nahestehende Personen wirken die gestressten Personen oftmals abwesend, andauernd beschäftigt oder unkonzentriert. Belastend für Beziehungen sind zusätzlich Veränderungen im Kommunikationsverhalten: Entweder wird nur noch über ein Thema gesprochen oder der gestresste Partner zieht sich immer mehr zurück und die Kommunikation wird erschwert. Besondere Beachtung bei der Wirkung auf das soziale Umfeld erfordert der Einsatz von negativen Bewältigungsstrategien, die langfristig zusätzliche Probleme nach sich ziehen können. Hierzu zählt der Konsum von Alkohol oder anderen psychisch wirksamen Substanzen sowie die exzessive Nutzung von Medien zum Abschalten von Belastungen (u.a. Computer, Fernsehen, Spielkonsolen).

1.4 Was ist Stress? In aller Kürze

Stress ist eine Reaktion auf interne und externe Anforderungen und kann in ganz unterschiedlichen Situationen auftreten. Akuter Stress ist verbunden mit der Aktivierung von Energie, um eine bedrohliche oder herausfordernde Situation zu meistern. Gelingt dies und folgt im Anschluss an den Stress eine Erholungsphase, ist Stress ein gesunder Mechanismus, der hilft das Überleben zu sichern, sich positiv zu entwickeln und seine Lebenswelt aktiv zu gestalten.

Stress kann jedoch zu gesundheitlichen Beschwerden und Erkrankungen führen, wenn er zu intensiv wird, zu lange andauert oder zu häufig auftritt. In diesen Fällen ist die Bewältigung der stressenden Situation und der eigenen Stressreaktionen erschwert oder gelingt nicht mehr. Über 60 % der Menschen in Deutschland geben an, häufig oder zumindest manchmal gestresst zu sein. Wichtigste Stressquellen sind Belastungen durch die Arbeit und Ansprüche an sich selbst.

Die Auswirkungen von Stress betreffen nicht nur die gestresste Person selbst. Bei Stress ändert sich auch das Verhalten der gestressten Personen, was Auswirkungen auf Familie, Freunde und berufliche Beziehungen hat.

Stressphasen können abgepuffert oder besser überstanden werden, wenn ausreichend Ressourcen zur Verfügung stehen. Die Unterstützung durch das soziale Umfeld, gezielte Erholung und Entspannung gelten als wichtigste Stresspuffer.

2 Wie entsteht Stress?

Warum löst nicht jede Belastung eine Stressreaktion aus? Die Konfrontation mit Belastungen ist ein alltägliches Ereignis und wir erleben Stress nur unter bestimmten Bedingungen. Diese Bedingungen betreffen sowohl die Belastung und deren Merkmale (z.B. Intensität und Dauer) als auch die Person (z.B. deren aktuelle Verfassung und Vorerfahrungen), die mit der Belastung konfrontiert wird. Erst im Zusammenwirken von Belastung und beteiligter Person entsteht Stress. Die Stressreaktion umfasst dabei die Veränderung im Körper, beim Denken, im Verhalten und bei den Gefühlen.

Beispiel: So kann Stress im Alltag entstehen

Stellen Sie sich vor, Sie stehen an der Kasse in einem Supermarkt an, es sind einige Personen vor Ihnen. Sie haben genug Zeit und plaudern mit einer Person, die auch in der Kassenschlange steht. Die Zeit vergeht und Sie merken gar nicht, dass sie 10 Minuten gebraucht haben, bis Sie endlich vollbepackt und entspannt den Supermarkt verlassen. Ihre Aufmerksamkeit war auf das Gespräch gelenkt, die Wartezeit hat Sie nicht gestört. Ob Sie an einer anderen Kassenschlange vielleicht viel schneller vorangekommen wären, lässt sich nicht sagen.

Wenn das Beispiel nun ein bisschen abgewandelt wird, kann Stress entstehen:

Stellen Sie sich vor, Sie stehen an der Kasse in einem Supermarkt an, es sind einige Personen vor Ihnen und Sie haben Zeitnot. Sie suchen die Kasse mit der kürzesten Schlange oder Sie kennen das Kassenpersonal und wählen aus, wer am schnellsten arbeitet. Ihre Aufmerksamkeit ist auf die knappe Zeit gerichtet, die Uhr tickt. Sie vergleichen, ob die Wartenden in der Nachbarschlange schneller vorankommen und beginnen sich zu ärgern, als dies der Fall ist. Sie spüren Ihre Anspannung und denken: „Schon wieder die Schlange, bei der es am längsten geht". Als nun bei „Ihrer" Kasse eine Störung auftaucht, werden Sie innerlich ungehalten und spüren Ihren Stresspegel ansteigen, Sie umklammern angespannt den Handgriff des Einkaufswagens und merken, dass es Ihnen nicht gelingt, sich selbst zu beruhigen. Die Zeit läuft Ihnen davon, ohne dass Sie die Möglichkeit haben, Einfluss auf die Situation zu nehmen. Auch in diesem Fall verlassen Sie nach 10 Minuten den Supermarkt, allerdings ärgerlich, angespannt und aufgewühlt.

Ihr Zeitdruck hat die Wahrnehmung, das Verhalten, die körperliche Anspannung, die Gefühlsreaktion und auch die Gedanken verändert, ohne dass dies einen objektiven Unterschied in dem 10-minütigen Zeitfenster gemacht hat. Ihr Stress kann also nicht eindeutig der äußeren Situation („Wartezeit an der Kasse“) oder ihrer Person („ungeduldig“, „unter Zeitdruck“) zugeschrieben werden. Der Stress entsteht erst beim Zusammenwirken einer äußeren Situation mit den Erwartungen und Bewertungen einer Person.

2.1 Stressoren und Stressreaktionen

Wichtig zum Verständnis von Stress ist die Unterscheidung des Auslösers einer Stressepisode („Stressor“) von den psychischen und physiologischen Reaktionen („Stressreaktion“) auf diesen Auslöser.

Stressoren – die Auslöser

Stressoren können sehr unterschiedlich sein. Neben physikalischen äußeren Bedingungen, wie z. B. räumliche Enge, Hitze oder Kälte, können dies auch psychische äußere Bedingungen sein, wie Termindruck, körperliche Belastung, Arbeitsumfang oder unvorhergesehene Ereignisse. Im Alltag sind es zudem häufig innere Stressoren, die Stressreaktionen auslösen: ein belastender Gedanke („Das schaffe ich niemals“) oder eine belastende Erinnerung („Letztes Mal bin ich genau daran gescheitert“). Schließlich sind es soziale Situationen und Konflikte, die Stress auslösen können: Der Streit mit einem Arbeitskollegen, nicht eingehaltene Absprachen, mangelnde Unterstützung oder übergriffige Forderungen.

Stressoren können nach unterschiedlichen Kriterien klassifiziert werden:
- *Art:* physikalische, psychische oder soziale Stressoren
- *Herkunft:* innere oder äußere Stressoren

- *Zeitliche Dimension:* akut einmalige oder chronische Stressoren
- *Intensität:* alltägliche, bedeutsame oder traumatische Stressoren

Eine allgemeingültige Definition oder Aufzählung, welche Situationen potentiell Stressoren sein können, ist schwierig. Eine Situation kann für die eine Person Stress bedeuten, während sie für eine andere keine Belastung darstellt. Mit Ausnahme der bereits skizzierten traumatischen Erlebnisse, welche von nahezu allen Menschen als belastend erlebt werden, ist die Frage, ob eine Situation einen Stressor darstellt, somit sehr individuell. Insofern kann man sagen, dass alle Situationen, Bedingungen oder Erlebnisse potentiell dann Stressoren sind, wenn sie Stressreaktionen auslösen.

Stressreaktionen – die akuten Folgen

Stressreaktionen in einer akuten Stressepisode laufen auf verschiedenen Ebenen ab. Man unterscheidet üblicherweise die kognitiv-emotionale (gedanklich-gefühlsmäßige) Ebene, die Verhaltensebene und die physiologische (körperliche) Ebene. Auf den verschiedenen Ebenen äußert sich der erlebte akute Stress in typischen Veränderungen. Während eine kurze und leichte Stressreaktion zu einer positiven Aktivierung führen kann, stellen sich bei überhöhter oder lange andauernder Aktivierung Veränderungen ein, die auch als „Symptome" von Stress bezeichnet werden. Die nachfolgende Aufzählung nennt einige davon, auch wenn sie nicht vollständig ist:

1. *Ebene der Gedanken und Gefühle:* Energiegeladen bis überdreht, Anspannung, Gefühl der Unsicherheit und Überforderung, Angst, Nervosität, Überempfindlichkeit, Ärger, Unkonzentriertheit, Gedächtnisprobleme, Lernschwierigkeiten, Energielosigkeit, Interessenlosigkeit, erhöhte Konzentration bis zu einer gedanklichen Einengung („im Tunnel"), Wahrnehmungsverzerrung, Gefühlsverflachung und innere Erstarrung.
2. *Ebene des beobachtbaren Verhaltens:* Verlassen der Situation („Flucht"), Aggressivität („Angriff"), Gereiztheit, Veränderung der Psychomotorik: zappelig-aufgedreht bis gehemmt-erstarrt, Weinen, Rauchen, Alkoholkonsum, Medikamenteneinnahme, Verlangsamung oder Erhöhung des Arbeitstempos und häufigere Fehler.
3. *Ebene der Physiologie/des Körpers:* Muskelanspannung/-verspannung, Herzrasen, Schwitzen, Hitzegefühl, Kopfschmerzen, Magen- und Darmbeschwerden und hormonelle Veränderungen.

Diese Reaktionen treten zusammen aber auch unabhängig voneinander auf, wobei sich der zeitliche Verlauf und die Zusammensetzung dieser komplexen Reaktionen von Episode zu Episode unterscheiden kann. Nicht selten berichten Betroffene aber, dass sie ihr eigenes „Reaktionsmuster" haben und ihre „typische" Stressreaktion kennen. Man kann die Stressreaktionen als den Versuch des Betroffenen verstehen, mit dem akuten Stressor umzugehen und ihn erfolgreich zu bewältigen. Entsprechend der bereits skizzierten Stresswelle gehen die Stressreaktionen am Ende der Stressepisode zurück und es beginnt die Phase der Regeneration.

Nicht alle Reaktionen sind für die gestresste Person selbst zu bemerken, geschweige denn zu steuern. Vielfach laufen akute Stressreaktionen wie automatisierte Programme ab, in denen es der gestressten Person schwerfällt, ihre Reaktionen und Impulse gezielt zu steuern. Die Kontrolle steigt rasch wieder an, wenn das Stressniveau sinkt. Für diese Prozesse sind vor allem stressspezifische Hormonsysteme verantwortlich, die die körperlichen Reaktionen steuern.

Stress und Hormone

Bei akutem Stress werden verschiedene Hormone ausgeschüttet. Die wichtigsten sind das Cortisol und das Adrenalin bzw. das verwandte Noradrenalin. Cortisol stammt aus der Nebennierenrinde, Adrenalin und Noradrenalin aus dem Nebennierenmark. Bei akutem Stress erfolgen zunächst sehr schnell die Ausschüttung von Adrenalin und Noradrenalin über die Aktivierung des autonomen Nervensystems, was unter anderem den Blutdruck erhöht, zu einem beschleunigten Puls beiträgt und die Muskelspannung fördert. Einige Minuten zeitversetzt wird Cortisol ausgeschüttet. Es sorgt unter anderem dafür, dass die Energiereserven des Körpers mobilisiert werden und im weiteren Verlauf die akute Reaktion des autonomen Nervensystems wieder reduziert wird. Verschiedene hormonelle Reaktionen unter Stress unterstützen somit die Stressbewältigung und sorgen zusammen für die Anpassung des Körpers an alltägliche Belastungen.

Bei dauerhafter Aktivierung oder häufig wiederholtem Auftreten gleichartiger oder unterschiedlicher Stressoren oder wenn alle Bemühungen den Stress zu bewältigen scheitern (vgl. Kapitel 2.2), kann es passieren, dass die verschiedenen Stressreaktionen nicht nachlassen, keine Regeneration einsetzt und es sogar zu einem Aufschaukelungsprozess kommen kann. In diesen Fällen können Stressreaktionen chronisch werden und mittel- und langfristige Folgen haben (vgl. Kapitel 2.3), die letztlich zu verschiedenen Krankheiten führen können.

Wichtig: Stressoren und Stressreaktionen

- Akuter Stress hat immer einen oder mehrere Auslöser (Stressoren) und beinhaltet Reaktionen auf psychischer und physiologischer Ebene (Stressreaktionen).
- Psychische Reaktionen laufen auf den Ebenen der Gedanken und Gefühle sowie des Verhaltens ab.
- Stresshormone spielen eine wesentliche Rolle bei der Aktivierung und Mobilisierung von Energie. Die wichtigsten sind Cortisol, Adrenalin und Noradrenalin.
- Stressreaktionen sind der Versuch des Organismus, mit dem Stressor fertig zu werden. Sie sind insofern Ausdruck der Bewältigungsfähigkeit und daher zunächst positiv zu sehen.

2.2 Stress und Stressbewältigung

Aus psychologischer Sicht reicht ein Stressor alleine nicht aus, um eine Stressreaktion auszulösen. Es braucht dafür eine Person, die den Stressor wahrnimmt, die Bedrohlichkeit bewertet und die Möglichkeiten der Bewältigung einschätzt.

Wird eine Situation als wenig bedrohlich erlebt und werden die Bewältigungsmöglichkeiten als hoch eingeschätzt, dann ist eine Stressreaktion nicht erforderlich, um die Situation zu meistern. Die Person bleibt gelassen. Im umgekehrten Fall bei einem hoch bedrohlichen Stressor und geringen Bewältigungsmöglichkeiten ist eine Stressreaktion ein biologisch programmierter Mechanismus.

Ein hilfreiches psychologisches Modell zur Erklärung dieses Zusammenwirkens ist das transaktionale Stressmodell nach Richard Lazarus. Ein Stressereignis wird diesem Modell zufolge von einer Person in drei Schritten verarbeitet (vgl. Abbildung 6):

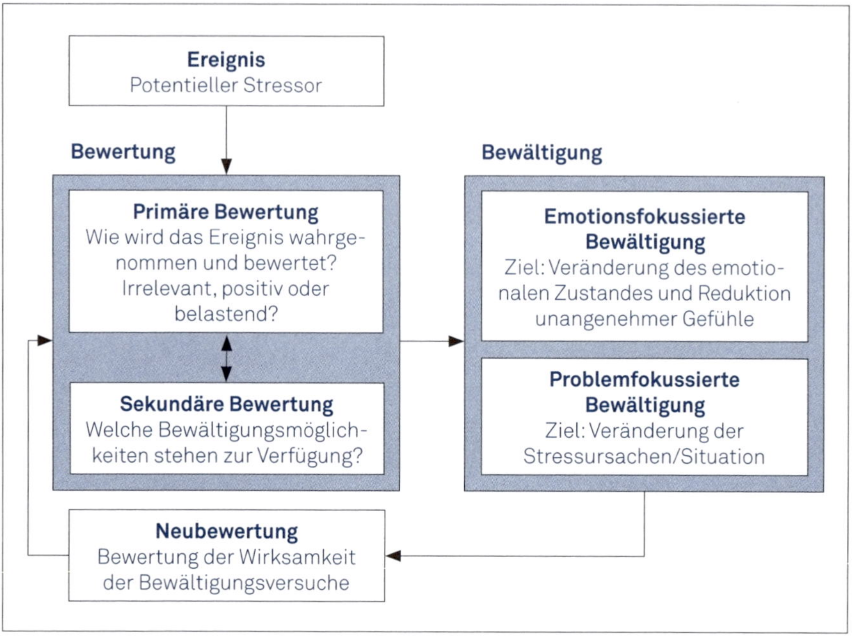

Abbildung 6: Das transaktionale Stressmodell nach Richard Lazarus (Darstellung in Anlehnung an Heinrichs, Stächele & Domes, 2015)

- *Schritt 1:* Im ersten Schritt wird die „Bewertung" des *Ereignisses* vorgenommen. Ist das Ereignis irrelevant oder positiv, ist keine weitere Einschätzung der Bewältigung erforderlich. Ist das Ereignis allerdings belastend, weil es bedrohlich oder zumindest herausfordernd ist, dann stellt es einen Stressor dar und es erfolgt die Bewertung der Bewältigungsmöglichkeiten.
- *Schritt 2:* Der zweite Schritt ist die „Bewertung" der *Möglichkeiten*, ob und inwiefern der bedrohliche oder herausfordernde Stressor erfolgreich *bewältigt* werden kann. Dabei wird eingeschätzt, ob die zur Verfügung stehenden Ressourcen ausreichen. Je nach Ergebnis der zweiten Bewertung werden dann die erforderlichen Bewältigungsaktivitäten eingeleitet und ausgeführt. Dies kann sich sowohl darauf richten, die Stressursache zu mindern bzw. zu eliminieren („problemfokussierte Bewältigung") oder die emotionale Reaktion auf den Stressor zu verändern und die eigene Gefühlslage zu verbessern („emotionsfokussierte Bewältigung").

- *Schritt 3:* Im Anschluss wird in einer weiteren Bewertung die Wirksamkeit der Bewältigung überprüft. Stellt das Ereignis in dieser Neubewertung nun einen irrelevanten oder sogar positiven Reiz dar, ist der Stressor überwunden und die Stressreaktion endet. Wird das Ereignis weiterhin als belastend erlebt werden neue Bewältigungsmöglichkeiten geprüft und eingeleitet. Beispielweise könnte im ersten Durchlauf eine problemorientierte Bewältigung nicht ausreichend erfolgreich gewesen sein und nach der Neubewertung wird nun eine emotionsfokussierte Strategie verfolgt. Gelingt auch in mehrfachem Durchlauf keine erfolgreiche Stressbewältigung, kann Stress auch über längere Zeit aufrechterhalten bleiben.

Einflussfaktoren auf die Wahrnehmung und Bewertung von Stressoren

Die Bewertung einer Situation hängt von ganz unterschiedlichen Faktoren ab, nicht nur vom Ereignis selbst. Eine zentrale Rolle, wie ein Stressor wahrgenommen und bewertet wird, nehmen stabile Persönlichkeitseigenschaften ein. Die wichtigsten Persönlichkeitseigenschaften, die dazu dienen, Situationen positiv zu bewerten, sind:

- Optimismus,
- Selbstwirksamkeitsüberzeugung,
- Emotionale Stabilität,
- Selbstmanagement.

Das heißt, dass Personen, die davon ausgehen, dass es am Ende gut ausgeht (hoher Optimismus), die davon überzeugt sind, dass sie durch eigene Anstrengungen erfolgreich Einfluss auf eine Situation nehmen können (hohe Selbstwirksamkeitsüberzeugung), dabei ihre eigene emotionale Reaktion wahrnehmen und adäquat regulieren können (emotionale Stabilität) und auch in anstrengenden Zeiten die Prioritäten richtig setzen können (Selbstmanagement), für Zeiten mit hoher Stressbelastung gut gewappnet sind. Sie kommen seltener in Situationen, in denen der Stress chronisch wird. Diese Eigenschaften und die damit verbundenen Erfahrungen in anforderungsreichen Zeiten können zu einer positiven Dynamik führen, so dass die Stressbewältigungskompetenz hoch ist.

Neben diesen Persönlichkeitseigenschaften sind weitere Faktoren relevant, um Stressoren weniger belastend wahrzunehmen:

- Erfahrung bei der Bewältigung ähnlicher Situationen,
- Kenntnisse unterschiedlicher Wege zur Zielerreichung,
- soziale Unterstützung und Einbindung in ein soziales Netz.

In neuartigen Situationen ist nicht gut abzuschätzen, wieviel Engagement und Energie erforderlich sind, um eine gute Lösung zu finden. Mit zunehmender Erfahrung steigt die Möglichkeit, sich gezielt für eine Situation zu wappnen und eine Vorstellung von den erforderlichen Maßnahmen zu entwickeln – das Stresspotenzial der Situation sinkt. Ein weiterer wichtiger Einflussfaktor auf die Bewertung einer Situation betrifft die Frage, wie wichtig das Ereignis für das Erreichen eigener Lebensziele ist. Je flexibler eine Person in der Lage ist, unterschiedliche Lebensziele anzustreben (z.B. Offenheit für unterschiedliche Berufe oder Wohnorte) und sich mehrere Handlungsoptionen vorstellen kann, um diese Ziele zu erreichen (z.B. bei der Berufswahl: Initiativbewerbungen, soziale Kontakte aktivieren, Nutzung sozialer Medien), desto geringer ist das Bedrohungspotenzial einer einzelnen Situation. Umgekehrt bedeutet dies auch, dass eingeschränkte Handlungsoptionen eine erhöhte Stressbelastung mit sich bringen. Als dritter Faktor ist die soziale Unterstützung zu nennen. Die Bewertung einer Situation wird positiver, wenn das Umfeld als unterstützend und hilfreich wahrgenommen wird. Das gerechtfertigte Vertrauen darauf, in schwierigen Situationen unterstützt zu werden, gilt als einer der wirksamsten Stressschutzfaktoren.

Umgekehrt gibt es Faktoren, die die Bewertung einer Situation hin zu mehr Stress verstärken:

- Hoher Erfolgsdruck,
- Perfektionsstreben und hohes Anspruchsniveau an sich und andere,
- fehlende Erholung.

Erfolgsdruck ist mit Stress verbunden. Allerdings bedeutet das nicht, dass Erfolgsdruck an sich negativ ist. Es ist durchaus möglich, dass der damit verbundene Stress Energiereserven aktiviert und zu Leistungen animiert, die ohne Druck nicht möglich gewesen wären. Erst wenn der Zustand, sich zu beweisen, überdauernd und chronisch wird, gelingt es zunehmend weniger, Situationen positiv und herausfordernd zu bewerten. In diesem Zusammenhang spielt ein hohes Anspruchsniveau eine wichtige Rolle. Verschiedene Situationen können als Möglichkeit angesehen werden, sich zu beweisen, seinen Einfluss zu mehren, der/die Beste zu sein oder im Mittelpunkt der Aufmerksamkeit zu stehen. In diesen Fällen ist der Einfluss der Situation auf die Entstehung von Stress ziemlich gering, viel bedeutsamer ist dann die Person, die der Situation diese Bedeutung gibt. Und schlussendlich gilt auch, dass fehlende Erholung bzw. zunehmende Erschöpfung zu einer negativeren Sichtweise beiträgt und die Bewertung einer Situation automatisch bedrohlicher wird, wenn durch fehlende Regeneration die Kraftreserven gering sind.

Insgesamt bedeutet dies, dass sowohl stabile Persönlichkeitseigenschaften als auch die Gegebenheiten der Situation darauf Einfluss nehmen, wie gut es gelingen kann, eine Situation so zu bewerten, dass ruhig und gelassen reagiert werden kann. Die Gesamtheit aller Faktoren kann sich so auswirken, dass in der gleichen äußeren Situation eine Person hohen Stress erlebt, während eine andere Person sich wohlfühlt und die Situation sogar genießt.

Beispiel: Vortragsstress

Während der Vortrag vor einem größeren Publikum für eine Person eine willkommene Möglichkeit ist, sich zu präsentieren, ist dieselbe Situation für eine andere mit großer Angst verbunden – die Bewertungen reichen in diesem Fall von positiv-herausfordernd bis negativ-bedrohlich.

Diese Bewertungen beeinflussen dann alle mit dem Vortrag im Zusammenhang stehenden Aktivitäten und färben die entsprechende Sichtweise: die Gedanken über den Vortrag, die Vorbereitung des Vortrags, Gespräche über den Vortrag, die Vortragssituation selbst und auch die Nachbereitung sowie den Umgang mit Lob oder Kritik.

Je nachdem, wie der potentielle Stressor bewertet wird, ändert sich die Intensität der Stressreaktion und damit auch die Unbefangenheit gegenüber dem Ereignis.

Einflussfaktoren auf den Einsatz von Strategien der Stressbewältigung

In potentiell stressenden Situationen kommen Bewältigungsstrategien zum Einsatz. Die eigenen Bewältigungsmöglichkeiten in einer Situation richtig einzuschätzen, ist wichtig, um angemessene Strategien einzusetzen und positive Erfahrungen bei der Stressbewältigung zu machen.

In der Theorie erfolgt die Einschätzung der Bewältigungsmöglichkeiten objektiv, logisch und rational. Das ist jedoch häufig nicht die Realität. Gerade in belastenden und bedrohlichen Situationen schleichen sich zwischen die rationalen Einschätzungen auch emotionale Einflüsse, sogenannte „kognitive Verzerrungen". Die Stressreaktion des Organismus basiert dann nicht auf der realen Situation und den verfügbaren Bewältigungsmöglichkeiten, sondern auf einer emotional verzerrten Bewertung.

Vor allem, wenn schnelle Reaktionen erforderlich sind oder andere gedanklich Beanspruchungen dazu kommen (u.a. „Multitasking"), lassen sich vermehrt irrationale Gedanken und Denkfehler beobachten, die jedoch für die gestresste Person nur schwer zu identifizieren sind. Dazu gehören z.B. die Tendenz, zu weitreichende Schlüsse zu ziehen („Wenn ich hier nicht brillant vortrage, halten mich alle für inkompetent"), katastrophale Folgen zu erwarten („Ich werde das nicht schaffen und deshalb meinen Job verlieren"), Gefühle als Beleg für die Korrektheit der eigenen Gedanken zu halten („Wenn ich solche Angst habe, dann ist die Situation schrecklich"). Eine Reihe weiterer hinderlicher Gedanken kann die Bewertung der Situation und der eigenen Bewältigungskompetenzen beeinflussen und den akuten Stress deutlich erhöhen.

Schließlich können sich kognitive Verzerrungen zu irrationalen, stabilen Überzeugungen verfestigen, welche dann nicht mehr hinterfragt werden. Stabile, negative Überzeugungen bzgl. der eigenen Bewältigungskompetenzen können sich auf Dauer zu einem veritablen Verlust an Selbstwirksamkeit aufbauen, welche sich dann dauerhaft negativ auf die Bewältigungsbemühungen auswirken. Kurz gesagt: Wenn ich davon überzeugt bin, dass ich generell nicht (mehr) in der Lage bin, mit belastenden Situationen fertig zu werden, ist es unwahrscheinlich, dass ich angesichts einer konkreten neuen Situation noch Anstrengungen unternehme.

Umgekehrt können durch den Abbau von kognitiven Verzerrungen und durch kontinuierliche Erfolge bei der Bewältigung von Belastungen Trainingseffekte entstehen. Langfristig kann sich die Stressbewältigung dadurch wieder nachhaltig verbessern.

Der Einfluss von Strategien der Stressbewältigung auf die Stressreaktion

Bewältigungsstrategien aktiv einzusetzen und Stressoren gezielt zu begegnen ist eine zentrale Möglichkeit, langfristigen Stress zu verhindern. Bewältigung ist dabei ein dynamischer Prozess, der einerseits von der Bewertung der Stressoren abhängig ist, und anderseits die weitere Bewertung der Stressoren beeinflusst. Ziel der Bewältigung ist es, die Wirkung des Stressors zu reduzieren.

Unterschieden werden zwei Strategien:

1. *Problemfokussierte Bewältigung:* Die Belastungssituation wird aktiv verändert. Beispielsweise wird bei zu viel Hektik und anstehenden Terminen eine kurze Pause gemacht und dann eine To-do-Liste geschrieben, oder es werden relevante Informationen gesucht, um bessere Entscheidungen zu treffen. Die aktiv problemorientierte Bewältigung kann auch dazu führen, dass die Anstrengung erhöht wird oder sich neue Ansätze auftun, um ein Problem zu lösen.
2. *Emotionsfokussierte Bewältigung:* Die mit der Stressquelle verbundenen Gefühle werden reguliert, wobei die Situation unverändert bleibt. Bei dieser Bewältigungsform wird angenommen, dass der Stressor nicht veränderbar ist. Beispielsweise kann deutlich werden, dass in einer Stresssituation Ärger eine große Rolle spielt. Es wird daraufhin beispielsweise eine kurze Pause gemacht, um die mit dem Ärger verbundene Erregung zu reduzieren. Ziel ist nicht die Situation zu ändern, sondern die in diesem Zusammenhang aufgetretenen Emotionen zu regulieren.

Welche Bewältigungsform angemessen und zielführend ist, ob es also eher darum geht, die eigene emotionale Reaktion auf einen Stressor zu verändern, oder ob es darum geht, den Stressor selbst zu verändern, kann nur innerhalb der jeweiligen Gesamtsituation entschieden werden. Das eine ist dem anderen nicht grundsätzlich überlegen. Allerdings gibt es Hinweise darauf, dass emotionsfokussierte Bewältigung dann wirksamer ist, wenn die gestresste Person noch keine ausreichende Klarheit über die mit dem Stress verbundenen Emotionen hat. So gesehen ist es bei der Auswahl der Bewältigungsstrategien hilfreich, sich darüber klar zu werden, welche Emotion durch den Stress ausgelöst wurde, um dann die weitere Entscheidung über die Bewältigungsstrategie anhand des Stressors zu treffen.

Schließlich ist es sinnvoll, zwischen Bewältigungskompetenzen („Was kann ich?") und Bewältigungsoptionen („Was kann ich gerade anwenden?") zu unterscheiden:

- *Bewältigungskompetenzen* sind grundsätzlich vorhandene Möglichkeiten, um dem Stressor erfolgreich zu begegnen. Eine Person schätzt dabei ein, ob sie die gedanklichen, emotionalen oder verhaltensbezogenen Kompetenzen besitzt, um eine hilfreiche und stressreduzierende Aktivität durchzuführen und damit in der Lage ist, dem Stressor erfolgreich zu begegnen. Hierzu zählen z. B. die Fähigkeit, Entspannungstechniken einzusetzen, persönliche Eigenschaften wie Optimismus oder das Wissen über das aktive Einholen sozialer Unterstützung durch eine vertraue Person.
- *Bewältigungsoptionen.* Eine Person schätzt die aktuelle Situation ein und prüft, ob die Situation es erlaubt, die vorhandenen Kompetenzen auch tatsächlich einzusetzen. Hierbei kommt es zu einem Abwägungsprozess, ob die situativen Gegebenheiten passend sind, um die verfügbaren und geplanten Bewältigungskompetenzen auch konkret anzuwenden. Hierbei ist z. B. wichtig, ob jemand allein ist oder beobachtet wird, oder ob es möglich ist, die Situation zu verlassen, was am Arbeitsplatz anders ist als in der Freizeit.

Merke: Bewältigungskompetenzen und -optionen

Entspannung kann eine effiziente regenerative Bewältigungsstrategie sein. Es gibt jedoch Situationen, in der eine akut angewendete Entspannungstechnik keine Option darstellt, da die vorhandenen Bedingungen dies nicht zulassen.

Wer sich beispielsweise auch bei hohem Stress mittels einer 30-minütigen Entspannungsübung im Liegen in einen tiefen Entspannungszustand versetzen kann, der verfügt über eine hohe Bewältigungskompetenz. Diese ist jedoch im Großraumbüro bei einem Konflikt mit dem Vorgesetzten nicht umsetzbar; es fehlt somit die Bewältigungsoption.

Hier ist eine Kompetenz zwar vorhanden, aber keine anwendbare Option. Bewältigungskompetenzen sind demnach häufig situationsspezifisch. Ziel ist es daher, eine breite Palette an unterschiedlichen Bewältigungskompetenzen zu erlernen, damit diese in verschiedenen Situationen flexibel verfügbar sind. Dadurch steigt die Möglichkeit, mit Belastungen besser umzugehen und nicht immer wieder gleiche Stresssituationen zu erleben.

Erschwerende Einflüsse auf die Stressbewältigung

Jeder Mensch ist in der Lage, mit Stress umzugehen. Die biologische Grundausstattung des Menschen beinhaltet die erforderlichen „Systeme", um mit hohen Anforderungen umzugehen und diese zu bewältigen. Menschen unterscheiden sich allerdings darin, wie hoch die Reizschwelle ist, die Stress auslöst und auch darin, wie viele Belastungen bewältigt werden können.

Die grundsätzliche Stressbewältigungskompetenz ist innerhalb gewisser Grenzen veränderbar; wie oben beschrieben, kann sie trainiert werden. Sie kann jedoch auch reduziert sein.

Die Einschätzung aktueller Ereignisse basiert auf Lernerfahrungen vergangener Ereignisse. So können negative Erfahrungen den aktuellen Umgang mit Anforderungen beeinflussen und eine realistische Wahrnehmung und effiziente Bewertung von Stressor und Bewältigungsmöglichkeiten erschweren. Bekannt ist der reduzierende Einfluss folgender Ereignisse auf die Stressreaktion:

- Traumatische Erfahrungen, wie Misshandlung, Vernachlässigung und Missbrauch,
- chronische körperliche oder psychische Erkrankungen,
- zurückliegende psychische Erkrankungen.

Bei Personen, die traumatische Erfahrungen gemacht haben, ist vielfach eine Fehlregulation der körperlichen Stressreaktion beschrieben worden. Das bedeutet, dass die Belastungsschwelle der körperlichen Reaktion auf Stress in vielen Fällen reduziert ist. Beispielsweise kann dadurch die Erholungszeit nach Stress verlängert sein.

Der negative Einfluss chronischer Erkrankungen auf die Stressbewältigung ist damit zu erklären, dass die Erkrankung selbst ein Dauerstressor ist und eine Zusatzbelastung darstellt. Zudem kann durch krankheitsbedingte Einschränkungen in der Lebensführung möglicherweise die Auswahl an Bewältigungsaktivitäten reduziert sein. Beispielsweise gilt es, Aktivitäten auszuwählen, mit denen die körperliche Fitness aufrechterhalten werden kann.

Bei zurückliegenden psychischen Erkrankungen können bevorstehende Belastungsphasen (z.B. berufliche Projekte, Examen) zum Wiederauftauchen bereits überwundener Symptome beitragen. Beispielsweise kann nach einer überwundenen Essstörung bei hohen Leistungsanforderungen das Essverhalten erneut in den Fokus rücken oder nach einer längeren Zeit ohne depressive Episoden können durch vermehrten Stress erneut Gedanken auftauchen, die den Selbstwert reduzieren.

Wichtig zu bedenken ist, dass diese Erschwernisse nicht automatisch damit verbunden sind, dass Stress zu Überforderung führt. Es lässt sich anhand dieser Aufzählung jedoch darstellen, dass Menschen mit derartigen Erfahrungen besonders aufgefordert werden, ihre Belastungsgrenzen ernst zu nehmen und möglicherweise gezielte Maßnahmen ergreifen sollten, um hohe Anforderungen gesund und erfolgreich zu bewältigen.

Wichtig: Stress und Stressbewältigung

- Ob eine Situation als belastend oder stressig erlebt wird, hängt von der individuellen Wahrnehmung und Bewertung ab.
- Unter Stressverarbeitung versteht man die mehr oder weniger bewusst ablaufenden individuellen Denk- und Verhaltensmuster, um mit dem Stress fertig zu werden. Unterschieden wird eine *positive* Stressverarbeitung, die dazu geeignet ist, den Stress nachhaltig zu reduzieren, von einer *negativen* Stressverarbeitung, deren längerfristige Folgen selbst zur Stressquelle werden können.
- Stressbewältigung ist der aktive und absichtsvolle Versuch, eine Situation zu verändern oder die eigenen Reaktionen zu regulieren, um die Belastung zu bewältigen.
- Zu unterscheiden sind Bewältigungskompetenzen von den Bewältigungsoptionen. Ziel ist die Erweiterung vorhandener Kompetenzen, um in verschiedenen Situationen ausreichend Optionen zur Verfügung zu haben.
- Frühere Lernerfahrungen beeinflussen die Stressbewältigung aktueller Ereignisse.

2.3 Stress und Gesundheit

Stress kann krankmachen. Vor allem chronischer Stress ist an der Entstehung und dem Verlauf verschiedener körperlicher und psychischer Erkrankungen beteiligt. Stress kann sowohl das Auftreten verschiedener psychischer und körperlicher Erkrankungen begünstigen bzw. auslösen, oder den Verlauf bereits bestehender Erkrankungen ungünstig beeinflussen.

Stress und körperliche Erkrankungen

Epidemiologische Studien zeigen: Chronischer Stress kann zur Entstehung verschiedener Erkrankungen beitragen und deren Verlauf ungünstig beeinflussen. Menschen mit einem hohen Ausmaß an dauerhaftem Stress leiden unter mehr Erkrankungen und haben eine geringere Lebenserwartung. Bei der Interpretation solcher Untersuchungen ist jedoch Vorsicht geboten: Aus der Beobachtung eines reinen Zusammenhangs kann nicht auf die direkte Ursache geschlossen werden. Denkbar ist auch die indirekte Ursache (z.B. über die Veränderung des Lebensstils) oder das Wirken sog. „Drittvariablen", wie z.B. ungünstiger Rahmenbedingungen (z.B. geringe finanzielle Mittel).

Einige Erkrankungen, bei denen Stress vermutlich eine Rolle spielt, gehören zu den sog. „klassischen psychosomatischen" Erkrankungen wie beispielsweise:

- Magen- und Darmbeschwerden,
- Chronische Darmentzündungen,
- Bluthochdruck,
- Asthma,
- Neurodermitis,
- Chronische Gelenkentzündungen (Polyarthritis).

Patienten mit diesen Erkrankungen berichten, dass in Phasen erhöhter Belastung und psychischem Stress Symptome zunehmen bzw. Krankheitsschübe vermehrt auftreten. Magen- und Darmbeschwerden bzw. die Symptome entzündlicher Darmerkrankungen können durch Stress beispielsweise verstärkt auftreten und vermehrt Beschwerden verursachen. Neben physiologischen Veränderungen, die durch Stress verursacht werden (z.B. Veränderung der Darmtätigkeit durch akuten Stress), spielen Änderungen der Lebens- und Ernährungsgewohnheiten eine wichtige Rolle (z.B. ungesündere Ernährung). Oftmals lassen sich die direkten physiologischen Stresseffekte nicht von den indirekten Stresseffekten trennen.

Von anderen körperlichen Erkrankungen und Symptomen ist bekannt, dass Stress ihren Verlauf ungünstig beeinflussen kann. Beispielsweise ist der Zusammenhang von Stress und Diabetes mellitus („Zuckerkrankheit") bekannt. Stress hat – vermittelt über die ausgeschütteten Stresshormone Cortisol, Adrenalin und Noradrenalin – einen Einfluss auf die Regulation des Blutzuckerspiegels. Chronischer Stress gilt – neben dem Übergewicht – daher als ein wichtiger Risikofaktor für die Entwicklung eines Diabetes mellitus Typ II. Bei einer vorliegenden Diabeteserkrankung führt akuter und chronischer Stress zu Schwierigkeiten bei der Einstellung des Blutzuckerspiegels, was wiederum zu Komplikationen und Nebenwirkungen des Diabetes beiträgt.

Schließlich ist bekannt, dass körperliche Erkrankungen zusätzlichen Stress verursachen können und die Belastungsgrenze reduzieren. Dies wiederum kann u. a. bei entzündlichen Erkrankungen und Schmerzstörungen dazu beitragen, dass sich der Krankheitsverlauf verlängert und der Heilungsverlauf gestört wird.

Exkurs: Stress und Magengeschwüre

Lange Zeit war man der Überzeugung, dass Stress einer der wesentlichen Ursachen für die Entwicklung von Entzündungen der Magenschleimhaut (Gastritis) und schließlich auch von Magengeschwüren (Ulcus) ist. Im Jahre 1983 wurde ein Bakterium in der Magenschleimhaut entdeckt, welches einige Jahre später als Ursache für Magengeschwüre anerkannt wurde – das Helicobacter pylori. Diese Entdeckung wurde 2005 mit dem Nobelpreis für Physiologie oder Medizin ausgezeichnet. Obwohl mit der Entdeckung dieses Bakteriums die wesentliche Ursache für Magengeschwüre also letztlich gefunden wurde, wäre es falsch anzunehmen, dass damit Stress als psychischer Faktor keine Rolle bei der Entwicklung von Magenentzündungen und -geschwüren spielt. Stress kann durch eine veränderte Reaktivität des Immunsystems (v. a. immunsuppressive Effekte von unter Stress chronisch erhöhten Cortisolspiegeln) und ungünstige Änderungen der Lebens- und Ernährungsgewohnheiten (Alkohol, Nikotin, fettreiche Ernährung, Bewegungsmangel) das Risiko für eine bakterielle Infektion deutlich erhöhen, indem beispielsweise die Magenschleimhaut derart verändert wird, dass sie weniger abwehrfähig ist. Insofern bleibt Stress in einem verhaltensmedizinischen Verständnis ein zusätzlicher Risikofaktor für Magenschleimhautentzündung und Magengeschwüre obwohl oft der eigentliche Auslöser ein nunmehr identifiziertes Bakterium ist.

Stress und psychische Erkrankungen

Stress wirkt auf psychische Phänomene, wie emotionale Reaktionen, Wahrnehmungs- und Denkprozesse sowie auf Gedächtnis und Konzentrationsfähigkeit. Zudem verändern sich bei Stress Verhaltensweisen wie Essverhalten, Schlafgewohnheiten oder Anstrengungsbereitschaft. Geraten diese psychischen Prozesse über längere Zeit aus dem Gleichgewicht, können psychopathologische Symptome und Störungen entstehen.

Stress gilt bei verschiedenen psychischen Erkrankungen als einer der auslösenden, verstärkenden oder aufrechterhaltenden Faktoren oder kann das Rückfallrisiko erhöhen. Im Zusammenhang mit chronischem Stress und resultierender psychischer Symptomatik wird am ehesten eine depressive Erkrankung in Erwägung gezogen. Aber auch Angsterkrankungen, wie etwa Panikstörung oder soziale Angst, Schlafstörungen oder Essstörungen können durch Stress ausgelöst oder aufrechterhalten werden.

Bei anderen bereits vorliegenden psychischen Erkrankungen kann sich Stress ungünstig auf den Verlauf auswirken oder eine akute Phase auslösen (z. B. bei einer Schizophrenie oder Suchterkrankung). Einige psychische Erkrankungen, bei denen ein Zusammenhang zu Stress bekannt ist, sind:

- Depressive Erkrankungen,
- Suchterkrankungen,
- Angst- und Panikstörungen,
- Schmerzstörungen und somatoforme Störungen,
- Sexuelle Funktionsstörungen,
- Schlafstörungen.

Wie kann Stress krankmachen?

Der Einfluss von Stress auf Krankheiten kann mit dem „Allostatic-Load"-Modell nach McEwen erläutert werden. Es besagt, dass Stress physiologische Systeme aus dem Gleichgewicht bringt und dass die Regulation zurück in den Ausgangszustand eine zusätzliche Belastung für den Organismus darstellt. Während die normale Aktivierung bei Stress dem Modell der Stresswelle folgt (Aktivierung, Stress, Erholung) und als gesund anzusehen ist, stellt anhaltender Stress und damit verbunden das dauerhafte Aus-dem-Gleichgewicht-geraten („Allostatic load") ein erhöhtes Risiko für das Auftreten von Erkrankungen dar.

Vier Abweichungen im Verlauf einer Stressreaktion sind bekannt, die mit Erkrankungen in Verbindung gebracht werden (vgl. Abbildung 7):

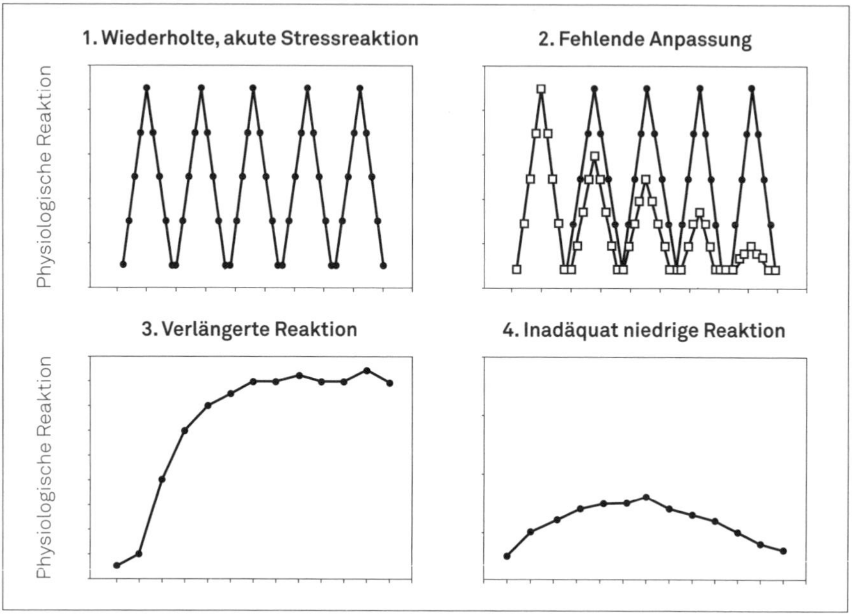

Abbildung 7: Vier Veränderungen der Stressreaktion, die das Krankheitsrisiko erhöhen

1. *Wiederholte, akute Stressoren.* Die normale akute Stressreaktion in verschiedenen physiologischen Systemen folgt den bereits dargestellten Phasen von Aktivierung, Stress und Erholung. Das Hormon Cortisol beispielsweise wird bei einer kurzen Stressepisode (z. B. einer kurzen Präsentation vor einem Publikum) mit einigen Minuten Verzögerung ausgeschüttet. Endet die Stresssituation, endet auch die Ausschüttung des Stresshormons. Das System kehrt in den Ruhezustand zurück. Wird das System immer wieder stimuliert, kann es zu einer sich aufsummierenden Belastung des Organismus kommen.
2. *Fehlende Anpassung.* Unter normalen Bedingungen passen sich physiologische Stresssysteme an wiederholte Belastungen an. Beispielsweise wird bei sich wiederholenden gleichartigen Stressoren immer weniger Cortisol ausgeschüttet. Der Organismus gewöhnt sich gewissermaßen an den Stressor und benötigt weniger Ressourcen, um mit der Belastung fertig zu werden. Aus verschiedenen, teilweise ungeklärten Ursachen tritt bei manchen Personen diese Gewöhnung nicht ein, was die Stressbelastung auf physiologischer Ebene dauerhaft erhöht.

3. *Verlängerte Reaktion.* Unter normalen Bedingungen folgt auf eine akute physiologische Stressreaktion eine rasche Rückkehr in den Ruhezustand nach Beendigung des Stressors. In manchen Fällen hält die Reaktion länger als notwendig an und führt auf diesem Wege zu einer exzessiven Belastung des Organismus.
4. *Inadäquat niedrige Reaktion.* Im vierten Fall kann eine zu geringe Reaktion eines physiologischen Stresssystems zu negativen Folgen führen, indem es seine hemmende Funktion auf andere physiologische Systeme nur unzureichend erfüllt. Dies ist z.B. bei Cortisol der Fall, welches durch Adrenalin ausgelöste überschießende Immunreaktionen hemmt. Bleibt die Cortisolreaktion aus oder fällt sie zu gering aus, kann die Gefahr von Schäden steigen.

Die vier verschiedenen Veränderungen der physiologischen Stressreaktion, unter denen Stress schließlich die Entstehung von Krankheiten begünstigen kann, sind in Abbildung 7 schematisch dargestellt. Es wird deutlich, dass zu hohe, zu häufige, zu intensive oder auch inadäquat niedrige physiologische Stressreaktionen problematisch sein können. Obwohl noch nicht alle Mechanismen dieser komplexen physiologischen Regulationsprozesse verstanden sind, ist davon auszugehen, dass eine dauerhafte Entgleisung physiologischer Stresssysteme die Entwicklung von unterschiedlichen psychischen und körperlichen Erkrankungen begünstigt.

Mögliche Mechanismen, die den Zusammenhang zwischen stressbedingten körperlichen Reaktionen und krankhaften körperlichen Veränderungen erklären, sind Gegenstand aktueller Forschung. So wird beispielsweise vermutet, dass chronischer Stress durch die Ausschüttung von Stresshormonen (v.a. Cortisol) das Immunsystem negativ beeinflusst und damit den Körper anfälliger für Infektionserkrankungen macht.

Stress und das Immunsystem

Chronischer Stress wirkt auf das Immunsystem hemmend. Insbesondere das Stresshormon Cortisol kann die Funktion einzelner Zellen des Immunsystems beeinträchtigen. Insofern ist es plausibel, dass chronisch erhöhte Cortisolspiegel, die mit chronischem Stress einhergehen, die Anfälligkeit für Infekte erhöhen.

Wenn das Immunsystem sich gegen den eigenen Körper richtet, spricht man von einer Autoimmunerkrankung. In westlichen Ländern sind etwa 5% der Bevölkerung von einer Autoimmunerkrankung betroffen, von denen die Schuppenflechte, die rheumatoide Arthritis („Rheuma") und einige Schilddrüsenerkrankungen die häufigsten sind. Es gibt hunderte von Autoimmunerkrankungen, bei denen neben genetischen Ursachen auch Stress als auslösender Faktor eine Rolle zu spielen scheint. Epidemiologische Studien zeigen beispielweise, dass Menschen noch Jahre nach einer Phase erhöhten Stresses ein erhöhtes Risiko für eine Autoimmunerkrankung haben. Viele Autoimmunerkrankungen verlaufen in Schüben. Betroffene berichten, dass solche Schübe auf Phasen erhöhter Stressbelastung folgen können. Auch hier wird der Einfluss von Cortisol als möglicher Vermittler zwischen Stress und Immunsystem diskutiert.

Neben den skizzierten direkten Effekten von Stress auf die Gesundheit, kann Stress auch indirekt gesundheitliche Probleme verursachen oder begünstigen. Bei der Absicht, den Stress zu bewältigen, werden vielfach kurzfristig hilfreiche Strategien bevorzugt. Einige davon sind jedoch langfristig ungünstig oder sogar schädlich. Um trotz der mit chronischer Anspannung verbundenen Erschöpfung und Überforderung weiter leistungsfähig zu bleiben bzw. funktionieren zu können, schleichen sich Verhaltensweisen ein, die nachgelagerte gesundheitliche Probleme und Erkrankungen mit sich bringen.

Typische Problembereiche sind:

- Gesteigerter Konsum von Alkohol, Nikotin und Koffein,
- Konsum illegaler Substanzen oder nicht ärztlich verordneter Medikamente,
- schnelles Essen oder Verzicht auf Mahlzeiten,
- verkürzter Schlaf,
- Ausdehnung der Arbeitszeit,
- Bewegungsmangel,
- Reduktion von Erholungszeiten.

Direkte und indirekte stressassoziierte Probleme können mit Stress in einem Teufelskreis zusammenhängen. Durch Stress werden die beschriebenen Probleme ausgelöst und durch die Probleme steigt der Stress. Stress an sich ist daher keine Erkrankung oder Störung, sondern ein Zustand, der ausschließlich aus einer nicht gelungenen Verarbeitung oder Bewältigung herausfordernder Situationen entsteht. Gelingt es nicht, den Stress zu beenden, wird der Stress also chronisch, kann sich aus dem Zusammenwirken direkter und indirekter Stressfolgen eine behandlungsbedürftige Erkrankung entwickeln.

Wichtig: Kann Stress krank machen?

- Chronischer Stress kann physiologische Systeme aus dem Gleichgewicht bringen und zu dauerhaften Schädigungen führen.
- Indirekte Effekte von Stress umfassen negative Veränderungen der Ernährung, des Schlafs, vermehrter Konsum von Alkohol, Nikotin und Koffein sowie Bewegungsmangel.
- Chronischer Stress kann die Entstehung von körperlichen und psychischen Erkrankungen begünstigen und/oder den Verlauf von bereits bestehenden Erkrankungen negativ beeinflussen.

2.4 Selbstcheck – Habe ich ein erhöhtes Stressniveau?

Stress äußert sich auf vielfältige Art und Weise. Die genaue Analyse der persönlichen Stressbelastung und deren Ursachen ist ein umfangreiches Unterfangen. Ein erster Schritt kann ein Selbstcheck sein, bei dem Sie das Vorhandensein verschiedener Stressindikatoren in den verschiedenen Bereichen einschätzen (vgl. Arbeitsblatt 1).

In Arbeitsblatt 1 (vgl. S. 91/92 im Anhang) finden Sie eine Liste typischer Signale, die bei erhöhter bzw. längerer Stressbelastung auftreten können.

Sollten Sie bei sich selbst Hinweise auf stressbedingte Erkrankungen bemerken oder sollten Sie unsicher sein, inwiefern in Ihrer Situation eine professionelle Unterstützung erforderlich ist, empfehlen wir einen Psychotherapeuten oder eine Psychotherapeutin zu Rate zu ziehen, um zu klären ob eine psychotherapeutische Behandlung sinnvoll ist.

3 Stress – Was tun?

Was bei Stress zu tun ist, kann nur individuell beantwortet werden. Das einfache „Stress-weg"-Rezept ist leider nicht verfügbar. Im Folgenden wird daher ein Überblick über eine Vielzahl unterschiedlicher Maßnahmen gegeben. Die Auswahl hat sich daran orientiert, von welchen Strategien die Patienten der „Psychotherapeutischen Ambulanz für stressbedingte Erkrankungen" an der Universität Freiburg profitieren. Es wird versucht einen Eindruck von konkreten Techniken und Maßnahmen zu vermitteln, die über das Erlernen von Entspannungstechniken hinausgehen und in verschiedenen wissenschaftlichen Studien ihre Tauglichkeit unter Beweis gestellt haben. Dabei wird eine Fülle von Möglichkeiten dargestellt, aus der jeder nach Bedarf auswählen kann.

Im Folgenden geht es darum, die eigene Stresssituation genauer zu analysieren (vgl. Kapitel 3.1). Danach werden in Kapitel 3.2 etablierte Verfahren vorgestellt, die darauf abzielen, das Stresslevel zu reduzieren und belastende Stressfolgen zu lindern. Die beiden darauffolgenden Kapitel verfolgen das Ziel, das individuelle Stressmanagement zu überprüfen und gegebenenfalls zu verbessern. In Kapitel 3.3 werden Möglichkeiten vorgestellt, wie in einer Belastungssituation Stressoren abgebaut und Ressourcen aufgebaut werden können. Kapitel 3.4 zeigt auf, wie es gelingt, stressfördernde Gedanken und Gefühle besser zu kontrollieren und welche Maßnahmen bei akutem Stress hilfreich sind. Als übergreifendes, unspezifisches Verfahren wird schließlich auf Entspannung eingegangen (vgl. Kapitel 3.5). Sollten diese Möglichkeiten keine ausreichende Stressreduktion bewirken, werden in Kapitel 3.6 einige Hinweise zu einem möglichen psychotherapeutischen Behandlungsbedarf gegeben.

3.1 Individuelle Analyse von Stressoren, Ressourcen und Stressreaktionen

Wenn Sie sich auf die Suche nach Möglichkeiten begeben, wie Sie trotz hoher Anforderungen Ihr Leben weniger gestresst gestalten könnten, ist der erste

Schritt die Analyse Ihrer aktuellen Stresssituation und der eigenen Stressreaktionen. Da einfache Tipps keine nachhaltige Wirkung haben – und manchmal sogar eher dazu beitragen, dass der Stress steigt („Sogar diese einfachen Tipps kann ich nicht umsetzten!") – stellen gezielte Fragen eher ein erfolgversprechendes Mittel für eine ehrliche Selbstanalyse dar.

Bei dieser Selbstanalyse werden drei zentrale Themen betrachtet:

a) *Meine Stressoren und Ressourcen* (Was stresst mich in meinem Leben? Welcher Bereich meines Lebens ist besonders belastend? Was ist stressfördernd, was ist stressreduzierend?)
b) *Meine Stressreaktionen* (Wie gut gelingt es mir aktuell meine Stressreaktionen zu regulieren? Woran erkenne ich meinen Stress frühzeitig?)
c) *Meine stressbezogenen Gedanken und Gefühle* (Wie beeinflussen meine eigenen Gedanken und Gefühle meinen Stress? Welche stressfördernden „Denkfehler" haben sich eingeschlichen?)

Bearbeiten Sie die Fragen zu den jeweiligen Themen am besten schriftlich und notieren Sie sich alles, was Ihnen dazu einfällt. Die reine gedankliche Beschäftigung mit den Fragen ist zwar einfacher, hat jedoch nicht den gleichen Wirkeffekt. Als Hilfestellung finden Sie dazu auch verschiedene Arbeitsblätter im Anhang (vgl. Arbeitsblätter 1 bis 8).

Meine Stressoren und Ressourcen

Folgende Fragen helfen dabei, die eigenen Stressoren und Ressourcen besser zu verstehen und erste Ansatzmöglichkeiten für Veränderungen zu identifizieren:

1. Was stresst mich in meinem Leben? Welcher Bereich meines Lebens ist besonders belastend?
2. Was genau ist es, das in diesem Lebensbereich so belastend und stressauslösend ist?
3. Was ist in diesem Lebensbereich angenehm, positiv oder erfreulich?
4. Wie soll es für mich in diesem Lebensbereich weitergehen?

Für die Bearbeitung der Fragen können das Arbeitsblatt 2 (vgl. S. 93 im Anhang) und das Arbeitsblatt 3 (vgl. S. 94/95 im Anhang) genutzt werden.

Frage 1: Was stresst mich in meinem Leben? Welcher Bereich meines Lebens ist besonders belastend? Die allgemeine Frage „Was stresst mich?“ ist in der Regel nicht einfach zu beantworten. Die Empfehlung ist daher, diese Frage in verschiedene Lebensbereiche aufzuteilen. Betrachten Sie diese Lebensbereiche getrennt und versuchen Sie, Unterschiede in der Belastung der Lebensbereiche zu finden. Der einfachste Ansatz ist die Einteilung in die fünf Lebensbereiche „Arbeit und Beruf“, „Beziehung und Familie“, „Freizeit und Hobbys“, „Gesundheit und Körper“ sowie „Materielle Sicherheit“ (vgl. Abbildung 8).

Möglicherweise sind mehr als die in Abbildung 8 dargestellten Lebensbereiche für Sie relevant. Dann können Sie Ihre Lebensbereiche auch als Vieleck zeichnen (vgl. Arbeitsblatt 2). Beispielsweise könnte eine Einteilung in „Zeit mit mir allein“, in „Ehrenamt“, weil Sie dort eine wichtige Aufgabe inne haben (z.B. Vorstand eines Vereins), in „Freundschaft“, weil gerade die Beziehung zu einer Freundin bzw. einem Freund sehr belastet ist, oder die Unterteilung eines Lebensbereichs in mehrere Themen (z.B. „Pflege von Angehörigen“ getrennt vom Thema „Partnerschaft“) für Sie viel besser passen.

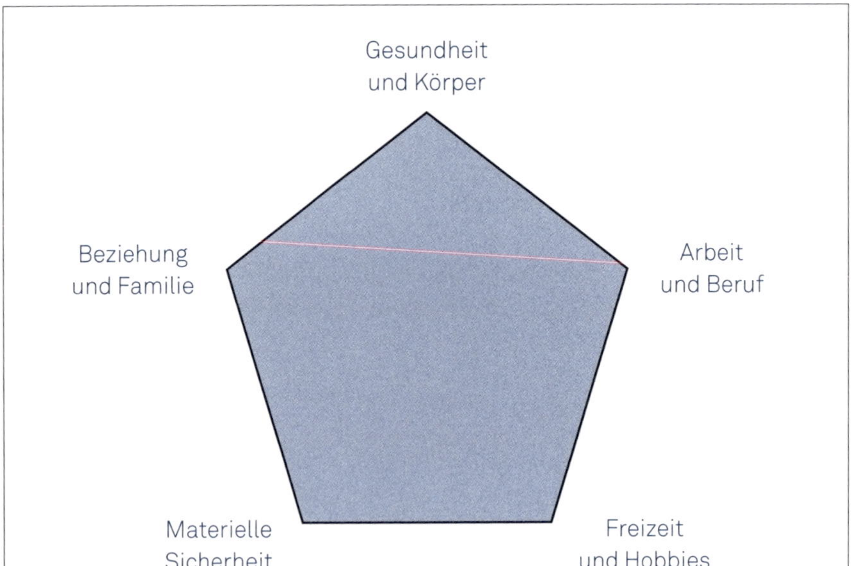

Abbildung 8: Unterschiedliche Lebensbereiche

Bewerten Sie auf Arbeitsblatt 2 den Stress jedes Lebensbereichs, indem Sie eine Zahl zwischen 0 (= kein Stress/positiv) und 10 (= höchstmöglicher Stress/negativ) vergeben. Analysieren Sie nun die belasteten Lebensbereiche anhand der drei folgenden Fragen noch genauer.

Frage 2: Was genau ist es, das in diesem Lebensbereich so belastend und stressauslösend ist? Erstellen Sie nun für jeden belastenden Lebensbereich eine Liste an Stressfaktoren, die Ihnen einfallen. Ordnen Sie diese nach Wichtigkeit (vgl. Arbeitsblatt 3).

Beispiel: Stressoren im Lebensbereich Beruf

1. Termindruck („Wie soll ich das nur alles schaffen!").
2. Ständige Erreichbarkeit, auch am Wochenende („Ich kann mich gar nicht richtig erholen!").
3. Unklare Aufgaben („Ich will ja alles richtigmachen, aber ich weiß gar nicht, wie das gehen soll.").
4. Häufige kurze Kundenkontakte („Ständig neue Gesichter, und keine Zeit, sich zwischendurch zu erholen.").

Diese Liste soll Anhaltspunkte geben, um zu verstehen, was Ihr Stressgefühl ausmacht. Sie liefert Hinweise, welche weiteren stressreduzierenden Maßnahmen erforderlich sind. Gehen Sie dabei nur von sich selbst aus! Ob die gleichen Stressoren auch für Ihre Kollegen gelten oder diese von sich erwarten, dass das eigentlich nicht stressen dürfte, spielt an dieser Stelle keine Rolle.

Frage 3: Was ist in diesem Lebensbereich angenehm, positiv oder erfreulich? Notieren Sie nun für diesen Lebensbereich, warum Sie ihn nicht einfach ändern können und welche Vorteile es bringt, dass Sie in der Situation die Belastungen aushalten. Gehen Sie genauso vor wie bei den Belastungen; erst einmal aufschreiben was Ihnen einfällt und danach priorisieren (vgl. Arbeitsblatt 3).

Beispiel: Ressourcen im Lebensbereich Beruf

1. Unterstützende Kollegen („Ich halte das nur aus, weil wir so ein gutes Team sind!").
2. Zeit und Spielraum für andere Lebensbereiche („Ich finde keinen anderen Job, bei dem ich noch zu meinen Hobbys komme. Immerhin kann ich regelmäßig pünktlich Feierabend machen.").

3. Gehalt („Ob ich bei einem Jobwechsel nochmals so gut verdienen kann, weiß ich nicht – ich brauche das Geld!").

Stress ist der Versuch des Organismus, die mit der Situation verbundene Herausforderung zu meistern. Jede Situation hat dabei Vor- und Nachteile bzw. Stress- und Ressourcenquellen. Fühlt sich eine Person chronisch gestresst, dann überwiegen bei ihr die Stressquellen. Es stellt sich dann die Frage, wie es weitergehen soll: aushalten oder ändern? Solange Sie diese Frage für sich nicht geklärt haben, wird es darum gehen, die Unklarheit auszuhalten. Das Aushalten von Unklarheit ist dann jedoch auch eine zusätzliche Stressquelle. Somit stellt das Verharren in einer als unlösbar empfundenen Situation eine emotionale Belastung dar, die weitere Ressourcen verbraucht.

Frage 4: Wie soll es für mich in diesem Lebensbereich weitergehen? Lassen Sie sich nun einmal darauf ein, für den belasteten Lebensbereich eine Entscheidung zu treffen, wie es weitergehen soll. Möchten Sie daran arbeiten, die Situation besser aushalten zu können? Oder sehen Sie Ihren nächsten Schritt darin, zu lernen, wie Sie die Situation verändern können? Je nachdem, wie Sie diese Fragen beantworten, sind andere Kompetenzen erforderlich, um Ihren Stress zu reduzieren.

Beispiel: Entscheidung im Lebensbereich Beruf

„Ich möchte mir die Chance geben, meine aktuelle Arbeitsstelle weiterzuführen; allerdings nur noch maximal ein Jahr. Wenn sich dann nichts gebessert hat, werde ich mir eine neue Stelle suchen. Um in dieser Zeit die Belastungen besser auszuhalten, werde ich mich an drei Wochenenden komplett von der Außenwelt abschotten und mit Freunden in der Natur wandern gehen."

Die Analyse der Stressoren dient dazu, die eigene Balance aus Stressoren und Ressourcen besser kennenzulernen. Ein weiterer stressrelevanter Aspekt ist, dass bei dieser Analyse deutlich werden sollte, welche Fertigkeiten und Kompetenzen erlernt werden müssten, um die Situation erfolgreich zu bewältigen.

Meine Stressreaktionen

Die Voraussetzung für ein gelingendes Stressmanagement ist es, die eigenen Stressreaktionen frühzeitig zu erkennen. Jeder Mensch hat andere Signale, an denen er erkennt, dass er gestresst ist: Bei einigen sind es Verspannungen, andere ziehen sich zurück und wollen allein sein, wieder andere bemerken, dass sich ihre Konzentrationsfähigkeit verschlechtert. Auch wenn alle von „Stress" sprechen, ist die genaue Art und Weise, woran jemand seinen Stress erkennt, individuell. Um frühzeitig zu erkennen, dass etwas gegen Stress getan werden sollte, gilt es daher zu wissen, woran die Alarmzeichen zu erkennen sind.

Frage 1: Wie gestresst bin ich im Augenblick („Schnappschuss")? Wer sein ansteigendes Stresslevel frühzeitig erkennt, der ist besser in der Lage, gezielte Maßnahmen einzuleiten, um sich zu regulieren. Mit zunehmendem Training steigt so die Kompetenz zur Selbstregulation.

Übung: Schnappschuss im Arbeitsalltag

Die Analyse des Stressniveaus im aktuellen Augenblick sollte in vier Schritten erfolgen:

- *Schritt 1:* Blicken Sie 10 Sekunden auf einen neutralen Gegenstand (z.B. eine Wasserflasche, eine Wand, einen Baum) *oder* konzentrieren Sie sich 10 Sekunden auf ein Geräusch in Ihrer Umgebung (z.B. vorbeifahrende Autos, Vogelgezwitscher, Stimmen von Menschen um Sie herum).
- *Schritt 2:* Gehen Sie dann mit der Aufmerksamkeit zu Ihrer Atmung und folgen Sie dem Atemrhythmus für dreimaliges tiefes Einatmen durch die Nase und langsames, gleichmäßiges Ausatmen durch den Mund.
- *Schritt 3:* Benennen Sie dann eine Zahl zwischen 0 (komplett entspannt) und 10 (maximal gestresst), die Ihrem Stresslevel entspricht.
- *Schritt 4:* Überlegen Sie, woran Sie merken, dass Ihr Stresslevel dieser Zahl entspricht (z.B. wegen meines Herzschlags, meiner kreisenden Gedanken, meines Atemrhythmus).

Fallbeispiel: Schnappschuss im Arbeitsalltag

Herr F., 43 Jahre alt, nimmt sich während der Arbeit zweimal täglich eine dreiminütige Auszeit von seinen Büroaufgaben. Er schaut dann aus dem Fenster und lässt seinen Blick über die Gebäude der Umgebung schweifen (Schritt 1). Nimmt dann drei tiefe Atemzüge (Schritt 2) und richtet anschließend seine Aufmerksamkeit auf sein aktuelles Stresslevel und bewertet es mit einer Zahl zwischen 0 (komplett entspannt) und 10 (maximal gestresst) (Schritt 3).

Ziel dieses Schnappschusses ist es, die Wahrnehmung zu trainieren. Daher ist es wichtig, diese Übung auch durchzuführen, wenn aktuell kein Stress vorliegt. Sollte der Wert über 7 liegen, ist von akutem Stress auszugehen. In diesem Fall sind möglicherweise „Erste-Hilfe-Maßnahmen bei akutem Stress" hilfreich (vgl. Kapitel 3.4).

Diese Übung kann als „stille Minute" immer wieder in den Alltag eingebaut werden. Es ist dabei nicht wichtig, ob Sie aus dem Fenster schauen, die Wasserflasche auf dem Schreibtisch betrachten oder sich auf eine Blume konzentrieren. Wichtig ist, die Aufmerksamkeit weg vom Alltagsgeschehen auf die Wahrnehmung des eigenen Befindens zu lenken.

Merke

Stress kann sich mit ganz unterschiedlichen Ereignissen und Erscheinungen frühzeitig ankündigen. Die Aufmerksamkeit auf sich selbst zu richten braucht Zeit. Bauen Sie daher kurze Stopp-Momente, in den Alltag ein. Es ist hilfreich, dafür feste Zeiten einzuplanen (z.B. immer vormittags vor der Mittagspause oder abends bei einem kurzen Spaziergang) oder den Smartphone-Wecker zu stellen.

Frage 2: Woran erkenne ich steigenden Stress zuerst? Ein steigendes Stressniveau äußert sich auf ganz unterschiedliche Arten. Mit dem Bild der Stress-Ampel kann dies veranschaulicht werden. Grün bedeutet Entspannung, gelb ist verbunden mit der Aktvierung für ein gutes Funktionieren im Alltag, rot ist der kritische Hochstressbereich. Es ist davon auszugehen, dass ein roter Hochstresszustand durch einen Stressreiz ausgelöst wird, der emotional bedeutsam ist und nicht ohne Grund auftritt. Sehr häufig sind emotionale Reaktionen, wie Ärger, Angst oder Enttäuschung, als Auslöser beteiligt, die jedoch im Alltagstrubel nicht immer wahrgenommen werden. Daher ist es wichtig, diese Emotionen als Auslöser von Stress in Erwägung zu ziehen.

Auf welcher Anspannungsstufe (grün, gelb, rot) man sich selbst befindet, kann man lernen, an ganz individuellen Signalen zu erkennen. Wichtig ist, dass Stress mit Signalen auf unterschiedlichen Ebenen verbunden ist: körperliche Veränderungen, Gedanken, Gefühle, Verhalten oder Verhaltensimpulse gehören zu jeder Stressreaktion und können unterschiedlich gut wahrgenommen werden.

Im Mehrebenen-Ampel-Modell werden Stresslevel und Reaktionsebenen kombiniert (vgl. Abbildung 9). Ziel ist es, Kombinationen zu finden, die schnell erkannt werden können (z. B. „Immer wenn ich den Gedanken habe ‚Ich werde noch verrückt' startet der hohe Stress.") und welche zuerst als Indikator für einen Anstieg des Stressniveaus wahrgenommen werden können (z. B. „Körperliche Veränderungen, wie Zittern und heißer Kopf, merke ich erst viel später."). Durch die damit verbesserte Wahrnehmung von Stresssignalen steigen die Einflussmöglichkeiten auf die eigene Stressregulation. So kann durch regelmäßige Übung schneller eingeschätzt werden, welche frühen Signale mit Anspannung und Stress verbunden sind.

Üben Sie die Wahrnehmung von Stresssignalen und nutzen Sie dafür Arbeitsblatt 4 (vgl. S. 96 im Anhang). Ein Beispiel, welches das Vorgehen veranschaulicht, finden Sie in Abbildung 9.

Stressniveau (0–10)	Gedanken	Gefühle/ Stimmung	Körperliche Veränderungen	Verhalten/ Impulse
10 ROT	„Ich werde noch verrückt"	Gereizt, aggressiv, ängstlich	Heißer Kopf, Zittern	Pampig antworten
GELB	„Das darf doch nicht wahr sein"	Gereizt	Atem wird flacher, angespannter Nacken	Weitermachen
GRÜN 0	„Es läuft"	Locker, lustig	Angenehmes Körpergefühl	Nettes Plaudern mit Kollegen

Abbildung 9: Mehrebenen-Ampel-Modell (Bei der Mehrebenen-Ampel wird das Stressniveau in die drei Bereiche grün, gelb und rot eingeteilt. Jeder dieser drei Bereiche wird kombiniert mit einer Verhaltensebene. So können individuelle Signale für jede Kombination gefunden und verankert werden.)

Fallbeispiel: Mehrebenen-Ampel

Die 24-jährige Studentin Frau W. merkt seit einiger Zeit, dass sie sich nicht mehr so gut konzentrieren kann wie früher. Sie fühlt sich angespannt und gehetzt. Ihr Zimmer im Wohnheim empfindet sie als zu klein, ihre finanzielle Lage ist angespannt, die Beziehung zu ihrem langjährigen Freund kriselt und sie weiß nicht genau, wie es nach dem Studium weitergehen soll. In Gesprächen mit guten Freundinnen redet sie vermehrt darüber, wie schwierig die Situation gerade sei. Beim Ausfüllen des Mehrebenen-Ampel-Modells wird deutlich, woran sie frühzeitig erkennen kann, dass ihr Stresspegel steigt („gelb"): Ihre Gedanken schweifen dann ab und sie malt sich sehr kreativ aus, wie alles noch schlechter werden könnte (Gedanken). Als Reaktion darauf stellt sich ein flaues Gefühl im Bauch ein (körperliche Veränderungen) und sie fühlt sich verunsichert, was der richtige Weg für sie ist (Gefühle/Stimmung).

Ihre Antworten bei „grün" weichen davon ab: sich bewegen (Verhalten/Impulse), sich gedanklich ausmalen, wie sie nach dem Studium eigenes Geld verdient (Gedanken), und das Gefühl, sich bei ihren Freundinnen geborgen und anerkannt zu fühlen (Gefühle/Stimmung).

Als Konsequenz auf diese Selbstbeobachtung versucht Frau W. bei aufkommenden Anzeichen von „gelb", umgehend durch positive Aktivitäten und Gedanken gegenzusteuern.

Meine stressbezogenen Gedanken und Gefühle

Bei der Analyse von individuellem Stress reicht es nicht aus, die „äußere" Situation zu betrachten, es geht auch darum, die „innere" Situation zu verstehen. Welche Gedanken und Gefühle löst eine Situation bei einer Person aus? Wie bewertet eine Person die Bedeutsamkeit einer Situation für ihr Leben?

Die gleiche Situation, die bei einer Person zu Wohlbefinden und Freude führt, versetzt eine andere Person in Angst und Unbehagen. Der Unterschied zwischen den beiden Personen sind die Gedanken, Bewertungen und Gefühle, die sie mit der Situation verbinden.

Die Rolle der Bewertung. Eine Situation führt zu höherem Stress, wenn
- die *Bedeutsamkeit* für das Leben und die Zukunft als hoch eingeschätzt wird,
- die Situation eine hohe *Bedrohlichkeit* hat, weil ein negativer Ausgang befürchtet wird,
- die *Bewältigung* der Situation als schwierig oder unwahrscheinlich bewertet wird.

Wenn Sie also eine herausfordernde Situation als unbedeutend, nicht bedrohlich und bewältigbar einschätzen, wird keine Stressreaktion folgen. Umgekehrt lässt sich die gleiche Situation aber auch so bewerten, dass unweigerlich Stress aufkommt.

Die Rolle von Denkfehlern. Stressfördernde Gedanken können aus logischen Denkfehlern resultieren. Denkfehler führen zu einer emotionalen Reaktion, die allerdings bei genauer Betrachtung unlogisch war. Meist fehlt die Zeit, sich mit der Logik des eigenen Denkens zu beschäftigen. In Kapitel 2 wurde der Einfluss unserer Gedanken auf den Stress ausführlich erläutert.

Tabelle 1: Typische stressfördernde Denkfehler

Art des Denkfehlers	Erläuterung	Beispiel für den jeweiligen Denkfehler
Emotionales Denken	Ereignisse und Situationen werden ohne klaren Grund auf sich selbst bezogen und mit persönlichen Bedeutungen versehen. Das kann sich auch darin zeigen, dass man sich sehr schnell persönlich angegriffen, schuldig oder verantwortlich fühlt.	„Wenn ich die Info weitergebe, bin ich verantwortlich für die schlechte Laune meines Kollegen." „Der Chef hat schlechte Laune, weil ich einen Fehler gemacht habe."
Katastrophen-Denken	Von einem relativ unbedeutenden Ereignis werden nur die einseitig negativen Aspekte gesehen und katastrophale Entwicklungen abgeleitet, d.h. man denkt sozusagen stets im „Endszenario", auch wenn die Tatsachen ein solches Denken gar nicht rechtfertigen.	„Wenn ich einen Tippfehler mache, verliere ich meinen Job." „Wenn mein Kind eine schlechte Note nach Hause bringt, wird es nie einen Job finden."

Tabelle 1: Fortsetzung

Art des Denkfehlers	Erläuterung	Beispiel für den jeweiligen Denkfehler
Globales Denken	Aus einem Ereignis werden übergeneralisiert globale Schlüsse gezogen oder es wird eine allgemeine Regel definiert, die unterschiedslos auf andere Situationen angewendet wird.	„Wenn ich heute früher Feierabend mache, bin ich nicht hart genug für meinen Job." „Ein echter Mann zeigt keine Gefühle."
Schwarz-Weiß-Denken	Das Denken verläuft nur in Entweder-oder- bzw. Alles-oder-Nichts-Kategorien, das Denken ist nicht ausgewogen, sondern durch Extreme geprägt.	„Wenn ich den Auftrag nicht kriege, bin ich ein Versager." „Entweder ich werde vor allen für mein Engagement gelobt oder ich werde mich nie mehr engagieren."
Muss-Denken	Das Denken ist durch absolute, unumstößliche Regeln und hohe Ansprüche an sich selbst und die Umwelt geprägt.	„Ich muss von meinen Kollegen immer gemocht werden." „Das muss gerechter laufen, es kann nicht sein, dass jemand damit durchkommt."

Keiner der in Tabelle 1 beispielhaft dargestellten Gedanken entspricht der Realität und hält einer rationalen Prüfung stand, so dass die emotionale Reaktion zwingend daraus folgt. Fehlerhaft sind dabei die logischen Schlüsse, die die Satzteile miteinander verbinden wie beispielsweise „Der Chef hat schlechte Laune, weil ich einen Fehler gemacht habe". Es kann sein, dass der Chef schlechte Laune hat und es ist auch möglich, dass ich einen Fehler gemacht habe. Bevor das eine jedoch die Ursache für das andere darstellt, müssen noch einige weiterer Einflussfaktoren geprüft werden. Beim Satz „Wenn ich den Auftrag nicht kriege, bin ich ein Versager", wird eine schwierige Situation (einen Auftrag erfolgreich verhandeln) mit dem Selbstwert verknüpft (sonst bin ich ein Versager). Auch dieser Schluss ist logisch nicht korrekt, da der Selbstwert nicht von einem einzelnen Ereignis definiert wird, das zudem noch von einer anderen Person abhängt.

Derartige Denkfehler treten häufiger auf, wenn die äußeren Anforderungen hoch sind. Oftmals blitzt der Gedanke nur kurz auf und hinterlässt ein ungutes Gefühl. Es ist jedoch schwierig, genau zu erkennen, was dafür der Auslöser war. Ein erster Schritt für eine bessere Stressbewältigung ist es daher Denkfehler zu identifizieren und zu erkennen, welche eigenen Gedanken am Stress beteiligt sind (vgl. Arbeitsblatt 5).

Die Veränderung von stressfördernden Gedanken. Die eigenen stressfördernden Gedanken zu identifizieren, ist der erste Schritt, diese zu verändern. Haben Sie einen Gedanken erkannt, können Sie diesen vertieft analysieren und einen alternativen Gedanken formulieren, der mit weniger Stress verbunden ist.

Die entsprechende Technik dafür nennt sich „Gedanken hinterfragen". Dabei wird geprüft, ob auch ein anderer Gedanke der Situation entsprechen könnte. Ob das Hinterfragen eines Gedankens erfolgreich ist, zeigt sich daran, ob sich das Gefühl, das mit dem Gedanken verbunden ist, mit verändert. Ergebnis einer Veränderung ist ein Alternativgedanke, der mit weniger Stress verbunden ist.

> Das Arbeitsblatt 5 zur Identifikation und Veränderung eigener stressfördernder Gedanken finden Sie im Anhang (vgl. S. 97). Für das Hinterfragen von stressfördernden Denkfehlern können Sie Arbeitsblatt 6 (vgl. S. 98/99) nutzen.

Das Hinterfragen stressfördernder Gedanken kann mit drei Fragetechniken gelingen:

- *Faktencheck:* Prüfung des Realitätsgehalts des Gedankens.
- *Perspektivwechsel:* Den Gedanken aus unterschiedlichen Perspektiven beleuchten.
- *Bedeutsamkeit für das Leben prüfen:* Der Gedanke wird im Zusammenhang mit anderen Lebensbereichen und Lebensphasen betrachtet.

Stressbezogene Gedanken und Gefühle zu analysieren, hilft dabei, zu erkennen, welche inneren Vorgänge den Stress begleiten. Wenn die äußere Situation nicht einfach zu verändern ist, hilft die Technik des Hinterfragens dabei,

Einfluss auf das eigene Denken zu nehmen und damit auch die mit dem Stress verbundenen Gefühle zu beeinflussen.

Wichtig: Analyse individueller Stressoren, Ressourcen und Stressreaktionen

- Identifizieren Sie Lebensbereiche, die für Sie stressend sind und betrachten Sie das Verhältnis von Stressoren und Ressourcen. Treffen Sie selbst die Entscheidung, wie es für Sie weitergehen soll.
- Lernen Sie sich mit Ihren Stressreaktionen kennen und trainieren Sie kleine „Stopp-Momente", um schnell zu erkennen, wie hoch Ihr Stresslevel gerade ist.
- Achten Sie darauf, auf welche Arten sich bei Ihnen Stress zeigen kann. Stress besteht immer aus Gedanken, Gefühlen, körperlichen Reaktionen und Verhalten.
- Stress wird durch eigene Gedanken, Gefühle und Bewertungen abgeschwächt oder verstärkt. Identifizieren Sie mögliche logische Denkfehler, die an Ihrem Stress beteiligt sind.
- Analysieren Sie Ihre Stresssituationen im Hinblick auf die Bedeutsamkeit, Bedrohlichkeit und Bewältigungsmöglichkeit; wenn Sie Denkfehler identifizieren, hinterfragen Sie diese.

3.2 Regeneration und Linderung von Stressfolgen

Ziel bei der Linderung von Stressfolgen ist die Reduktion des Stresslevels und die Wiederherstellung der Selbstregulationsfähigkeit des Körpers. Stress ist dann tolerierbar und auch langfristig unschädlich, wenn nach einer Aktivierung die Regeneration gelingt.

Zu diesem Zweck kann eine Fülle von Aktivitäten eingesetzt und auch empfohlen werden. Hierzu zählen beispielsweise Sauna, Massage, Spazierengehen, Naturerlebnisse, sportliche Betätigung, aber auch geselliges Beisammensein mit Freunden, die Wiederentdeckung von Genuss u. a. beim Kochen, bei kulturellen Events oder bei verschiedenen Hobbys. Es gibt eine Fülle von Möglichkeiten an aktiven und passiven Aktivitäten, um nach Stress wieder Regeneration zu finden.

Die Logik bei der Reduktion des Stresslevels ist folgende (vgl. Abbildung 10): Bei hoher Grundanspannung (Zustand 1; links in Abbildung 10) ist es möglich, dass alltägliche Belastungen zu Überlastung führen. Überlastung bedeutet, dass die „Schwelle für emotional negative Zustände" überschritten ist. Dies ist mit negativen Gefühlen und Stress verbunden. Die gleichen alltäglichen Belastungen könnten jedoch unterhalb der Belastungsschwelle bewältigt werden, wenn die Grundanspannung geringer wäre (Zustand 2; rechts in der Abbildung). Der Ansatzpunkt der Regeneration ist es daher, durch eine Reduktion der Grundanspannung die „Belastungsreserve" zu erhöhen. Die alltäglichen Belastungen bleiben dabei unberührt.

Eine wirksame, regelmäßige Reduktion der Grundanspannung gilt als wirksame Erholung. Wichtig für chronischen Stress ist dabei, dass der Übergang von „Zustand 1: angespannt" zu „Zustand 2: entspannt" mit zunehmender Übung schneller, besser und planbarer herzustellen ist und die Grundanspannung durch das Vertrauen in die Erholungsmöglichkeiten stabil geringer bleibt. Welche Maßnahmen zur Regeneration hilfreich sind, ist individuell sehr unterschiedlich und kann nicht allgemeingültig vorgegeben werden.

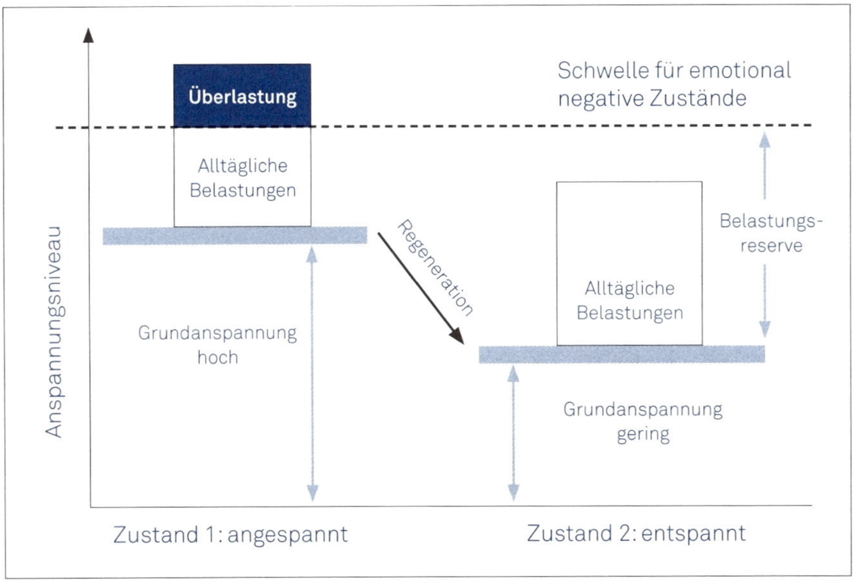

Abbildung 10: Wirkung von Regeneration auf die Grundanspannung

Merke

Je länger eine Stressphase anhält, desto schwieriger wird es, einfach mal auszuspannen. Chronischer Stress geht oft damit einher, die Zeit für Erholung und Entspannung weiter zu reduzieren, um den Stress durch z.B. noch mehr Verausgabung im Beruf zu bekämpfen. Der Weg der Regeneration beginnt damit, sich kleine Erholungsinseln zu genehmigen. Die neu gewonnenen Ressourcen sollten dafür genutzt werden, die Erholungsinseln zu vergrößern – und dürfen nicht wieder dem „besseren Funktionieren" unter Stress geopfert werden.

Alltägliche Lebensrhythmen

Voraussetzung für gelingende Regeneration sind natürliche und alltäglich wiederkehrende Rhythmen. Alltägliche Rhythmen strukturieren den Tag. Allerdings bedeutet Rhythmus keineswegs, dass der Tag rigide durchgetaktet sein sollte, wie bei einer Fließbandarbeit, bei dem die kleinste Abweichung zu einer Störung führt. Alltägliche Rhythmen leben von kleinen Unregelmäßigkeiten und der Berücksichtigung sowohl der geplanten Vorhaben als auch der tatsächlichen Möglichkeiten.

In diesem Sinne sind alltägliche Lebensrhythmen, wie etwa Schlafen – Wachen, Hunger – Sättigung, Anstrengung – Erholung und körperliche Aktivität – Ruhe, wichtige Informationsgeber, ob die Balance zwischen Aktivieren und Regenerieren funktioniert. An diesen Beispielen wird bereits deutlich, dass eine gewisse zeitliche Flexibilität wichtig ist, da es nicht gelingen kann, jeden Tag identisch zu gestalten.

Gesundheitliche Folgen von chronischem Stress entstehen erst, wenn über einen längeren Zeitraum die Balance der alltäglichen Rhythmen entgleitet. Ohne die Berücksichtigung einer guten individuellen körperlichen und psychischen Balance, führt das angestrengte Bemühen um Leistungsfähigkeit und Gesundheit langfristig zu stressassoziierten Symptomen.

Wer es schafft, gut zu schlafen, regelmäßig Pause zu machen, sich Zeit für geregelte Mahlzeiten zu nehmen und neben seinen belastenden Lebensbereichen auch Freude und Interesse an ausgleichenden Freizeitaktivitäten hat, der ist gut gewappnet. Wie ist das bei Ihnen?

Merke

Wenn es Ihnen wie selbstverständlich gelingt, zu schlafen und wach zu sein sowie Zeiten der Pause und Aktivität abzuwechseln, dann funktioniert Ihr Stressselbstmanagement. Wenn Sie merken, dass Ihr natürlicher Rhythmus leidet, dann hilft es, sich an einige Regeln einer balancierten alltäglichen Lebensführung zu halten.

Stress und Medikamente. Zur Optimierung der Leistungsfähigkeit und zur Verbesserung der psychischen Befindlichkeit gaben in einer Befragung der DAK im Jahr 2015 18,6 % der Frauen und 13,7 % der Männer an, Medikamente ohne medizinische Notwenigkeit einzunehmen, um den Stress am Arbeitsplatz besser ertragen zu können. 40 % der Befragten meinten, Psychopharmaka verbesserten die Leistungsfähigkeit gesunder Menschen.

Dies zeigt, welch eine hohe Bedeutung die Verbesserung der Alltagstauglichkeit für eine Vielzahl von Menschen hat. Die Einnahme von Substanzen ohne medizinische Notwendigkeit hat jedoch meistens keinen positiven Effekt auf gesunde Personen, wobei die auftretenden Nebenwirkungen zusätzlich in Kauf genommen werden. Weder Antidepressiva, noch Antidementia, Angstlöser oder stimulierende Substanzen mit amphetaminartiger Wirkung (u. a. Ritalin) verbessern relevante Funktionen wie Konzentration, Merkfähigkeit, Wachheit, Motivation oder Aufmerksamkeit nachhaltig ohne einschränkende Nebenwirkungen. Der Versuch, durch Substanzeinnahme die Balance bei Stress zu verbessern, führt daher langfristig zu weiterem Stress.

Körperliche Fitness

Körperliche Fitness reduziert die Intensität und Dauer von akuten Stressepisoden. Der Körper von trainierten Personen reagiert physiologisch und psychologisch in geringerem Ausmaß auf Stress. Die körperliche Fitness ist außerdem abhängig von körperlichen Erkrankungen wie beispielsweise Infekten oder Verletzungen und auch von Schlafmangel.

Sportliche Aktivität kann durch die Verbesserung der Dynamik belastungsbezogener biologischer Systeme (z. B. kardiovaskuläres System, Cortisolreaktivität) nachweislich vor Stress schützen. Vor allem bei täglich stundenlanger sitzender Tätigkeit baut sich ein Fitnessdefizit auf. Dieses reduziert auch die Erholungsfähigkeit des Körpers.

Als positive Effekte sportlicher Aktivität gelten:
- *Bessere körperliche Belastbarkeit* in Stressphasen.
- *Unterstützung der Regeneration* durch gedankliche Distanzierung bei Sportarten mit monotonem Bewegungsablauf wie Joggen, Schwimmen, Langlaufen oder Radfahren.
- Paar- und Teamsportarten ermöglichen *soziale Kontakte* und stärken soziale Integration.
- Bei vorhandener Fitness können sportliche Aktivitäten *gezielt zur Erregungsreduktion bei akutem Stress* eingesetzt werden.

Sportliche Aktivität hat somit eine wichtige Funktion bei der Regeneration, ein ausreichendes Maß an alltäglicher Aktivität sollte nicht unterschritten wer-

Merke: Tipps zu sportlicher Aktivität bei Stress

- Lassen Sie gesundheitliche Probleme vor dem Sport medizinisch abklären.
- Wer längere Zeit keinen Sport getrieben hat, sollte nicht während einer Hochstress-Phase damit starten, ohne sich vorher hausärztlich beraten lassen zu haben.
- Bringen Sie mehr Bewegung in den Alltag und verbinden Sie notwendige Aktivitäten mit Bewegung (Treppenlaufen, Fahrrad statt Auto, eine Haltestation früher aussteigen).
- Steigern Sie Dauer und Intensität körperlicher Bewegung im Alltag langsam.
- Treiben Sie regelmäßig Sport. Gerade in Zeiten hoher Belastung steigen durch Pausen, in denen man körperlich aktiv ist, die Konzentration und das Leistungsvermögen. Sie nutzen damit auch das sog. *post-exercise window,* womit gemeint ist, dass nach dem Sport eine Phase besserer Konzentration folgt.
- Bei hoher Stressbelastung sollten Sie nicht bis zur Verausgabungsgrenze trainieren, sondern vor allem im regenerativen Bereich. Die Herzfrequenz sollte dabei 75 % des individuellen altersabhängigen Maximalpulses nicht übersteigen.
- Probieren Sie verschiedene Sportarten aus und achten Sie darauf, was Ihnen Freude bereitet und möglichst ganzjährig umsetzbar ist.
- Planen Sie sportliche Aktivitäten in Ihren Terminplan fest ein; zumindest in wöchentlichem Rhythmus.

den. Umgekehrt sollte nicht bei hohem chronischem Stress rigide darauf geachtet werden, das tägliche Trainingspensum zu optimieren, um die Fitness zu verbessern. Körperliche Höchstleistungen aktivieren im Körper dieselben Stresssysteme wie Stress, der aus psychischer Belastung resultiert. Daher kann eine zu intensive sportliche Aktivität, vor allem im maximalen Leistungsbereich, eine bestehende körperliche und emotionale Erschöpfung verstärken.

Regeneration und Pausen

Regeneration braucht Pausen von der belastenden Aktivität. Diese Pausen sind dazu da, Kraft zu tanken und verbrauchte Ressourcen wieder aufzuladen.

Vielfach gelingt es gestressten Menschen nur schwer, in ihrer Freizeit wirklich abzuschalten und erholsame Zeit von Belastungen abzugrenzen. Abgrenzen bedeutet, sich von vergangenen und bevorstehenden Belastungen gedanklich wirksam zu distanzieren. Die Voraussetzung für gelingende Erholung ist daher eine Distanzierung. Möglicherweise sind zur Distanzierung Aktivitäten erforderlich, die gar nicht als erholsam angesehen werden, jedoch erforderlich sind, um eine belastende Aktivität abzuschließen und sich gedanklich sowie emotional einer erholsamen Aktivität widmen zu können. Beispielsweise wäre es möglich, dass die Konzentration auf das Lesen eines Buches (Erholung) erst möglich ist, wenn zuvor eine Liste mit den anstehenden beruflichen Aufgaben aufgeschrieben wurde (Distanzierung). Nach der Erholung braucht die Orientierung auf neu anstehende Aufgaben ebenfalls Zeit, beispielsweise um Unterlagen oder sich gedanklich vorzubereiten. Diese Orientierungsphase soll die Erholungszeit schützen, so dass ausreichend Zeit eingeplant wird, um sich nicht bereits während der Erholungsaktivität gedanklich mit anstehenden Aufgaben zu beschäftigen.

Merke

Erholung gelingt nur, wenn eine gedankliche und emotionale Distanzierung von der Belastung möglich ist. Wer die Grenze zwischen Belastung und Regeneration nicht automatisch herstellen kann, der braucht hierfür gezielte Aktivitäten. Aktivitäten zur Distanzierung müssen nicht unbedingt direkt erholsam sein, sie sind aber die Voraussetzung für eine gelingende anschließende Erholung. Alle Erholungsaktivitäten, auf die man sich freut, erleichtern die Distanzierung.

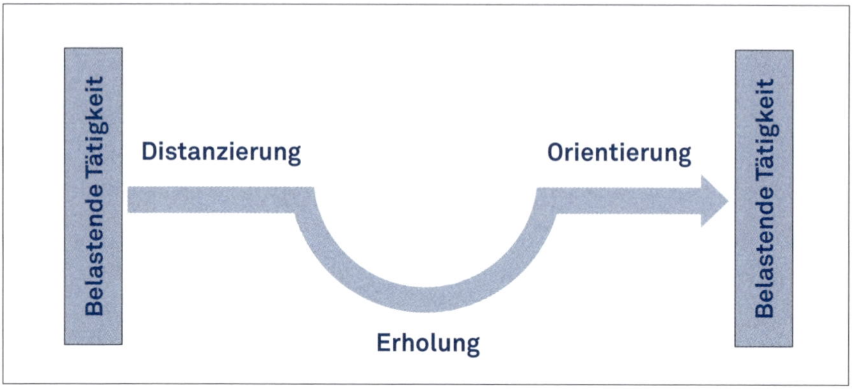

Abbildung 11: Phasen der Regeneration

Es ist somit hilfreich, die freie und zur Erholung verfügbare Zeit in drei Phasen aufzuteilen: Distanzieren, Erholen, Orientieren (vgl. Abbildung 11).

Jeder der drei Phasen in Abbildung 11 können typische Aktivitäten zugeordnet werden. Dabei spielt es keine Rolle, wie lange die Pause zwischen den beiden Tätigkeiten ist. Der Grundgedanke ist, dass jedes Mal erst Distanz zur vorhergehenden Belastung aufgebaut wird und vor der dann folgenden Tätigkeit eine Orientierung zu erfolgen hat. Die „Erholung" sollte dann nach beiden Seiten abgegrenzt und geschützt sein.

Phase 1: Distanzierung. In der Phase der Distanzierung sind Aktivitäten zu wählen, die eine gedankliche und emotionale Trennung zur Belastung schaffen.

Beispiel: Arbeit beenden

- Aktivitätslisten mit nicht erledigten Aufgaben schreiben.
- Schreibtisch/Arbeitsplatz aufräumen.
- Ablenkung auf dem Nachhauseweg: u.a. Smalltalk, Musik hören, Lesen, Bewegung, Wahrnehmung von Gerüchen und Geräuschen, die mit der Freizeit verbunden sind.
- Wenn auf dem Nachhauseweg Gedanken an die Arbeit auftauchen, diese gezielt auf positive, gelungene Aktivitäten lenken.
- Zuhause: Kleidung wechseln.

Tipps zur Distanzierung

In manchen Lebensphasen sind die Belastungen außergewöhnlich hoch oder die Distanzierung von einem Lebensbereich mündet in einen anderen belasteten Lebensbereich. In diesen Fällen sollten Sie auf Folgendes achten:

- Nutzen Sie Atem- oder Achtsamkeitsübungen, um ihren Gedankenfluss zu reduzieren und sich selbst im aktuellen Moment wahrzunehmen (siehe „Schnappschuss" auf S. 51).
- Achten Sie auf ausreichend Bewegung, um die körperliche Anspannung zu regulieren (u.a. dienen Spazierengehen, Joggen oder Radfahren als Distanzierungshilfen).
- Manchmal ist die einzige Zeit zur Distanzierung die Zeit bzw. der Weg zwischen zwei belastenden Tätigkeiten. Suchen Sie dann Aktivitäten, die genau für diesen Zweck hilfreich für Sie sind (z.B. spezielle Musik oder kurzer Stopp einer Autofahrt, um durchzuschnaufen).

Wenn Belastung und Freizeit am gleichen Ort stattfinden (u.a. Ein-Zimmer-Wohnung zum Lernen und Leben bei Studierenden, häusliche Pflege von Angehörigen, Arbeitsbereich/Homeoffice in der Wohnung), helfen alle Maßnahmen, die eine symbolische Trennung fördern (u.a. Kleidungswechsel, Farbgebung der Arbeitsmaterialien, Einrichten von speziellen Erholungsplätzen). Hier ist Kreativität und Disziplin gefragt, um der Erholung einen ausreichenden Platz zu geben.

Phase 2: Erholung. In der Erholungsphase ist es wichtig, dass keine Reize direkt an den belastenden Stress erinnern. Wichtig ist dabei, die mobile und ständige Erreichbarkeit zu reduzieren, keine E-Mails oder soziale Medien mit Bezug zur Stressquelle zu pflegen, keine (unvorbereiteten und ungeplanten) Gespräche über belastende Arbeitsinhalte zu führen. Ziel ist es, eine unbeschwerte Zeit zu erleben, um Energie zu tanken und sich angenehmen Aktivitäten zu widmen. Es gibt dafür keine Vorgabe, um welche Aktivität es sich dabei handeln sollte oder was für eine gute Erholung erforderlich ist. Grundsätzlich gilt hier der Tipp: Was Freude bringt, ist erholsam!

Erholung sollte dabei helfen, die Belastung aufzuheben. Folgendes gilt also für Menschen, die Schwierigkeiten haben, sich zu erholen: Werden die gleichen Tätigkeiten weitergeführt, kann der Organismus nicht regenerieren! Beachtet werden sollte daher:

- Wer während der Arbeit viele belastende Gespräche führt, erholt sich schlechter, wenn er diese auch in der Pause bzw. Freizeit weiterführt.
- Wer tagsüber viel Bildschirmarbeit leistet, kann sich bei passivem Fernsehen und Computernutzung nicht ausreichend erholen.
- Wer körperlich schwere Arbeit leistet, benötigt zur Erholung daher Aktivitäten, bei denen der Körper sich entspannen kann.

Merke

Damit Erholung gelingt und Pausen eine regenerative Wirkung haben und der Ermüdung entgegenwirken können, ist es wichtig, die Belastungssituation zu verändern:

- Änderung der Körperhaltung und der Bewegungsabläufe (z.B. laufen statt sitzen).
- Änderung der Denkinhalte (z.B. Musik und Hobbys statt Arbeitsplatzthemen oder Kinder).
- Änderung der Umgebung (z.B. Schreibtisch verlassen; weg vom Computer).
- Änderung der angestrengten Sinne (z.B. Stille statt Reden; kein Bildschirmlicht).

Phase 3: Orientierung. Die Phase der Orientierung dient dazu, die danach anstehenden Aufgaben vorzubereiten, ernst zu nehmen und den Blick gezielt darauf zu richten. Zudem dient die Orientierung als Pufferzeit, um während der Erholungsphase auftauchende störende Gedanken verschieben zu können (z.B. „Darum kann ich mich noch rechtzeitig kümmern, ich habe dafür Zeit eingeplant“).

Wer diese Phase ausspart, um die Erholung zu verlängern, riskiert zweierlei: (1) während der Erholungsphase auftauchende störende Gedanken an den Stress können nicht verschoben werden und (2) der Erholungseffekt ist sehr schnell verpufft, weil keine Vorbereitung getroffen wurde.

Beispiel: Orientierungsphase am freien Wochenende

Am Montagmorgen steht ein wichtiges Meeting an und am Freitag ist abzusehen, dass das Wochenende zur Erholung und zu Aktivitäten mit der Familie gebraucht wird. Es drohen immer wieder ablenkende Gedanken an den Montag, die das Wochenende stören könnten.

Die Orientierung dient dazu, am Sonntagabend oder Montag früh gezielt Zeit einzuplanen, die der Vorbereitung auf den Montag dient. Hierzu könnte zählen: Unterlagen sortieren, Materialien richten, anstehende Termine gedanklich durchspielen und sich Notizen machen, adäquate Kleidung vorbereiten.

Solange dafür kein Platz reserviert wurde, durchzieht das Thema belastend durch das Wochenende und kann die Erholung nachhaltig negativ beeinflussen.

Mithilfe des Arbeitsblattes 7 (vgl. S. 100/101 im Anhang) können Sie üben, einen Erholungsplan zu erstellen.

Positive Freizeitaktivitäten

Wie zu Beginn des Kapitels betont, wird in Phasen mit höheren Anforderungen mehr Lebenszeit eingesetzt, um den Stressor zu bewältigen und es bleibt weniger Zeit übrig, um sich zu regenerieren und angenehme Aktivitäten zu pflegen. Solange eine solche Phase begrenzt ist, kann dies gut funktionieren und ist vielfach auch unerlässlich, um Ziele zu erreichen.

Hält jedoch die Belastung an und ist die Dauer der Belastungsphase nicht mehr vorhersehbar, kann ein paradoxes Phänomen entstehen. Anstatt anzuerkennen, dass nun mehr Regeneration erforderlich ist, weil die Erschöpfung steigt und die Belastung andauert, wird das Gegenteil getan. Es wird noch intensiver gearbeitet und noch mehr positive Aktivitäten werden eingeschränkt, um den Stressor aktiv zu bewältigen. Aus emotionaler Perspektive ist diese Reaktion logisch: Wenn schon so viel Zeit und Energie investiert wurde, wäre jetzt ein Scheitern unerträglich. Der Druck steigt und damit einhergehend wird noch mehr investiert. Dies kann dazu führen, dass Erholung nicht mehr gelingt und die zunehmende Erschöpfung schlussendlich nur noch Raum für passive Erholungszeit (z. B. Fernsehkonsum) ermöglicht.

Die Regeneration kann erleichtert werden, wenn es gelingt, in der Freizeit positive Erlebnisse zu haben – ob es dabei um Tanzen, Kochen, gesellige Abende, Chorgesang, unterhaltsame Teamevents oder Kinobesuche geht, spielt keine Rolle. Sicher können auch Sie sich an Zeiten erinnern, in denen

Sie unbeschwert und innerlich beschwingt durchs Leben gegangen sind. Vielleicht erleben Sie auch jetzt gerade eine solche Zeit. Statt nach neuen Aktivitäten zu suchen oder neue zu erlernen ist es empfehlenswert, auf bekannte und bewährte positiv wirkende Aktivitäten zurückzugreifen.

Merke

Positive Freizeitaktivitäten werden gerade dann zur gezielten Erholung benötigt, wenn (a) die Belastung zunimmt, (b) bereits ein hohes Stressniveau vorhanden ist und (c) hohe Anforderungen zu erfüllen sind. Dabei können diese Erlebnisse nicht auf die Zeit danach verschoben werden.

Fragen

- Welche Aktivitäten haben Sie bereits eingeschränkt, um die Belastung zu bewältigen bzw. welche Aktivitäten planen Sie einzuschränken?
- Wieviel zusätzliche Zeit investieren Sie bei Belastungen im Wissen, dass das eigentlich zu viel ist?
- Welche Kontakte werden nicht mehr gepflegt und auf die Zeit nach dem Stress verschoben?
- Was haben Sie vor dieser Stressphase mit Freude und Begeisterung getan?

Genusstraining und Achtsamkeit

Seit Jahren verlagern sich viele Aktivitäten zunehmend in eine virtuelle Welt. Sei es bei der Arbeit am Bildschirm, bei der Nutzung des Smartphones oder beim erholsamen Konsumieren von Film-, Fernseh- und Computerwelten. Dabei werden die Sinneseindrücke stark reduziert, so dass nicht der gesamte Körper mit all seinen Sinnen gleichermaßen beteiligt ist.

Genusstraining und Achtsamkeit sind deshalb für die Regeneration so wertvoll, weil sie den gesamten Körper betreffen und die Wahrnehmung auf allen Sinneskanälen betonen. Es geht gleichermaßen um Fühlen, Tasten, Riechen, Schmecken, Sehen und Hören. Wer bei der Regeneration der körperlichen Verfassung, den Gefühlsregungen und den Handlungsimpulsen Beachtung schenkt, braucht dafür zwar durchaus Zeit, andererseits ermöglicht dieser Weg eine umfassendere Regeneration.

Im Vordergrund steht eine Haltung, mit der Genuss gelingen kann. Da dies im Alltag nicht immer und überall möglich zu sein scheint, ist es wichtig, sich Zeiten zu reservieren, in denen nicht die hohe Geschwindigkeit und Ablenkbarkeit des Alltags gilt, und auch nicht die passive Berieselung mit Film- oder Serienszenen, sondern die Konzentration auf die aktive und bewusste Wahrnehmung aller Sinnessysteme unseres Körpers.

Zum Üben sind dabei alle Aktivitäten empfehlenswert, die sowohl körperlich als auch psychisch als angenehm erlebt werden. Bei vielen Menschen sind dies beispielsweise:

- Sehen: Naturfarben, gedämpftes Licht, Sonnenuntergang.
- Hören: Musik, Blätterrauschen, fließendes Wasser.
- Streicheln, Tasten, Fühlen: Tonen, Teig, Seifenwasser, Federn, Seide, Körpermassage.
- Wasser und Wärme: Sauna, Bäder, Duschen.
- Essen und Schmecken: Schokolade, Nüsse.
- Riechen: Tee oder Kaffee, Parfüm, Gewürze.

Merke: Regeln des Genießens

- *Genuss braucht Zeit:* Um einen positiven emotionalen Zustand zu erreichen, vergeht Zeit.
- *Genuss sich selbst erlauben:* Genussfeindliche Grundhaltungen sind weit verbreitet und durch Erziehung/Sozialisation beeinflusst.
- *Genuss geht nicht nebenbei:* Die Aufmerksamkeit muss auf den genussfördernden Reiz gelenkt werden, andere Wahrnehmungen gilt es gezielt auszublenden.
- *Genuss ist individuell:* Geschmack und Vorlieben sind verschieden.
- *Weniger ist mehr:* Wer gesättigt ist, kann nicht mehr genießen.
- *Ohne Erfahrung kein Genuss:* Genussfähigkeit verbessert sich durch Übung und Schulung.
- *Genuss ist alltäglich:* Genuss ist jederzeit und überall möglich.

3.3 Veränderung von Stressauslösern

Kapitel 3.2 hat die Botschaft „Es hilft, sich nach dem Stress zu entspannen und zu erholen!“. Noch besser wäre es jedoch, erst gar nicht in Stress zu geraten und darum soll es in diesem Kapitel gehen. Bei der Veränderung von Stressauslösern geht es darum, Kompetenzen zu erwerben, die eine Beeinflussung der Situation ermöglichen, welche den Stress schnell beenden können.

Merke: „Helikopterperspektive“

Wer den Überblick über die Situation behält, ist besser in der Lage, die richtigen Maßnahmen einzuleiten. Die Bedrohlichkeit einer Situation sinkt, wenn es gelingt, sich zu orientieren und rechtzeitig die erforderliche Unterstützung zu organisieren.

Der Fokus liegt dabei auf Einflussmöglichkeiten
- um die Belastungssituation zu strukturieren,
- sich darin besser zu orientieren
- und sich Unterstützung zu organisieren.

Ziel ist es somit, die Situation so zu verändern, dass die Kontrollierbarkeit steigt und die Stressoren in ihrer belastenden Wirkung eingedämmt werden. Dies gelingt besser, wenn eine „Helikopterperspektive“ eingenommen und die Stresssituation aus der Distanz betrachtet wird, so als ob man sie nur beobachte.

Der Einsatz von Strategien zur Veränderung der Stresssituation bedeutet, sich zu wappnen und vorzubereiten, bevor akuter Stress die Handlungsmöglichkeiten einschränkt. Daher zählen diese Strategien auch zum langfristigen Stressmanagement.

Folgende Kompetenzen stellen aus psychologischer Sicht hilfreiche Strategien für die Veränderung der Belastungssituation dar:
- Qualifikation und Erfahrung,
- Zeitmanagement,
- soziale und kommunikative Kompetenzen,
- Problemlösemethoden.

In diesem Ratgeber beschränken wir uns aus Platzgründen darauf, zu den Kompetenzen nur einige wichtige Ansatzpunkte darzustellen.

Qualifikation und Erfahrung

Sind Menschen kompetent darin, den Überblick zu behalten und zu wissen, wie eine erfolgreiche Lösung aussehen könnte, können sie besser einschätzen, welche Verhaltensweisen in einer schwierigen Situation hilfreich sind. Im beruflichen Kontext steigt diese Kompetenz mit der fachlichen Qualifikation und dem Wissen über die üblichen Kommunikationsweisen innerhalb des betreffenden Arbeitsumfeldes sowie auch mit den praktischen Erfahrungen im Lösen von spezifischen Problemstellungen. Eine Vielzahl von Personen mit berufsbedingtem Stress ist weniger von der Arbeitsmenge überlastet, sondern vielmehr von den spezifischen Arbeitsaufgaben überfordert. Dies liegt beispielsweise daran, dass die Ausbildung in einem anderen Beruf erfolgt ist, welcher der aktuell ausgeführten Tätigkeit nicht entspricht. Auch ein erfolgreiches Hochschulstudium vermittelt möglicherweise nicht ausreichend die erforderlichen Berufsfeldkompetenzen. Eine weitere Herausforderung ist die erfolgreiche Bewältigung einer neuen, anspruchsvollen Tätigkeit, bei der keine ausreichende Einarbeitung erfolgt ist.

Achten Sie bei sich selbst darauf, ob es bei Ihren alltäglichen Aufgaben den Bedarf gibt, sich besser zu qualifizieren und neue Kompetenzen zu erlernen, da ansonsten Stress auch durch eine fehlende angemessene fachliche Qualifikation entstehen kann.

Fallbeispiel: Jurist im Marketing

Herr S., 42 Jahre alt, ist Jurist und reist gerne. Eine büroorientierte Juristenposition sei ihm zu langweilig, er genieße es, ständig unterwegs zu sein und immer neue Menschen kennenzulernen. Bislang habe er immer auf Projektstellen ohne feste Anstellung gearbeitet. Ihm sei dann eine Arbeitsstelle angeboten worden, bei der er das Asiengeschäft eines Unternehmens aufbauen solle. An der Stelle reize ihn, dass sie mit viel Reisezeit und internationalen Rechtsfragen verbunden sei. Also habe er die Stelle gerne angenommen und engagiert ein Konzept für eine Markteintrittsstrategie erarbeitet. Er merke jedoch zunehmend, dass im Unternehmen seine Ideen nicht geschätzt würden und er mit seinen Vorschlägen auf Widerstand stoße. Seine Einarbeitung habe darin bestanden, die Produktpalette präsentiert zu bekommen. Er habe sich weder um wirtschaftliche Rahmenbedingungen oder Businesspläne gekümmert, noch habe ihn die Unternehmensstruktur interessiert.

Da er nie zuvor in einem größeren Unternehmen gearbeitet habe, seien ihm weder informelle hierarchische Regeln bekannt gewesen noch die Verteilung von Ansprechpartnern in ganz unterschiedlichen Unternehmensbereichen. Nach zwei frustrierenden Jahren seien nach einer Phase stressbedingten Unwohlseins vermehrt Rückenschmerzen und starke Minderwertigkeitsgefühle aufgekommen. Er gehe nur noch sehr ungern arbeiten. Da er seine sonstigen Geschäftskontakte in diesen zwei Jahren nicht gepflegt habe, könne er nicht einfach an seinen früheren Netzwerken anknüpfen und steht nun vor der Entscheidung, wie es für ihn weitergehen solle.

Zeitmanagement

Zeitmanagement ist die systematische und disziplinierte Planung und Organisation von Zeit. Typische Instrumente des Zeitmanagements sind:

- Terminkalender (Was mache ich wann?),
- Aufgabenlisten (Welche Aufgaben sind zu erledigen? Wie lange dauern die Aufgaben?),
- Planung der Prioritäten (Was davon ist wichtig? Was ist dringend?),
- Zeitprotokolle (Wofür habe ich die Zeit tatsächlich verwendet?).

Der Planungshorizont kann dabei ein Tag sein, an dem es darum geht, eine Fülle von Aufgaben am Ende des Tages erledigt zu haben. Es kann sich auch um eine Woche handeln, um die anstehenden Aufgaben und auch die erforderlichen Erholungszeiten übersichtlich zu terminieren. Die Zeitprotokolle dienen dazu, sich selbst einen Überblick zu verschaffen, für was aktuell die Zeit verwendet wird; darüber hinaus ist ein Zeitprotokoll hilfreich, um zu sehen, ob die Planungszeiten tatsächlich eingehalten werden konnten.

Gerade in Phasen mit zahlreichen Terminen ist ein gutes Zeitmanagement sehr wichtig. Wir empfehlen dann, von der Wochenplanung auszugehen. In einer stressigen Lebensphase geht es darum, die 168 Stunden, die jedem Menschen an Lebenszeit pro Woche zur Verfügung stehen, so zu planen, dass sowohl Zeit für die Bewältigung der anfallenden Aufgaben als auch Zeit für eine aktive Erholung vorhanden ist. Solange es auch ohne ein formales Zeitmanagement klappt – umso besser! Egal ob täglich, wöchentlich, jährlich oder auf die gesamte Lebenszeit betrachtet: Es geht um die *Verteilung von Zeit* auf Tätigkeiten und um die *Priorisierung von Aufgaben,* die bearbeitet werden sollen oder müssen.

Zeitmanagement soll nicht als Methode der Selbstoptimierung verstanden werden, bei der immer neue Strategien gefunden werden sollen, um sich auszubeuten. Vielmehr ist Zeitmanagement eine zentrale Aufgabe im Rahmen des Umgangs mit sich selbst und mit knappen Ressourcen. Zeitmanagement kann helfen, in unübersichtlichen Situationen die richtigen Prioritäten zu setzen. Es geht darum:

- anzuerkennen, dass Zeit begrenzt zur Verfügung steht;
- sich für verschiedene Lebensbereiche Zeiträume zu schaffen und diese abzugrenzen;
- seine eigenen Ziele und Planungen ernst zu nehmen und zu konkretisieren;
- Zeit für unvermeidliche Aufgaben einzuplanen.

Einige praktische Tipps, die in Tabelle 2 aufgelistet sind, können schnell wirksame Unterstützung liefern.

Tabelle 2: Praktische Tipps zum Zeitmanagement aus der Perspektive der Stressbewältigung

Führen Sie To-do-Listen	• Verschriftlichen Sie alle anstehenden Aufgaben und schätzen Sie die erforderliche Zeit für die Bearbeitung ein. • Sortieren Sie die anstehenden Aufgaben nach Lebensbereich und Dringlichkeit. • Halten Sie die To-do-Liste so verfügbar, dass es Ihnen möglich ist, diese aktuell zu halten (z. B. vor dem Feierabend alles aktualisieren, was tagsüber gelaufen ist). • Übertragen Sie die Aufgaben in einen Zeitplan.

Tabelle 2: Fortsetzung

Führen Sie einen Terminkalender	• Nutzen Sie Wochenpläne, um die Übersicht über eine Woche zu behalten. • Tragen Sie auch Erholungsaktivitäten und freie Zeiten in den Terminkalender ein. • Disziplinieren Sie sich und tragen Sie alle anstehenden Termine und zeitverbrauchenden Aktivitäten in einen Terminkalender ein.
Zeiträume für langfristige Planung reservieren	• Reservieren Sie Zeitfenster, in denen Sie sich um die längerfristige Planung kümmern, z. B. wann soll der Urlaub nächstes Jahr sein, welche wichtigen Projekte stehen längerfristig an. • Berücksichtigen Sie dabei unterschiedliche Lebensbereiche. • Klären Sie für sich langfristigen Ziele in den unterschiedlichen Lebensbereichen (gesellschaftlich, beruflich, privat). • Planen Sie Zeiträume ein (z. B. monatlich), um zu reflektieren, wie die längerfristigen Ziele umgesetzt werden („Bin ich auf dem richtigen Pfad?").

Soziale Kompetenzen und soziales Netz

Zur Veränderung von Stresssituationen gehört auch die angemessene Organisation von Unterstützung. Soziale und kommunikative Kompetenzen helfen dabei, sich anderen Menschen gegenüber verständlich zu machen, wenn es darum geht, Nähe und Distanz zu regulieren (z. B. „Das möchte ich gerne alleine schaffen"; „Jetzt wäre ich gerne in Gesellschaft") und Unterstützung einzufordern oder zurückzuweisen. Forschungsergebnisse zur Wirkung sozialer Unterstützung zeigen diesen Effekt auf chronischen Stress sehr deutlich. Etwa 7 % der Menschen, die von „starker sozialer Unterstützung" berichten, geben an chronisch gestresst zu sein. Aber bei Menschen, die sich nur gering sozial unterstützt fühlen, sind es über 25 % (Hapke et al., 2013).

Werden Stress und Belastungen mit anderen Menschen geteilt und Probleme gemeinsam gelöst, ist die Bedrohlichkeit erheblich reduziert. Sich sozial eingebunden zu fühlen und in schwierigen Zeiten auf die Unterstützung anderer Personen vertrauen können, gilt als einer der wirksamsten Stressbewältigungsansätze.

Die Formen von Unterstützung bei Belastungen können ganz unterschiedlich sein:
- emotionale Unterstützung (u.a. Zuneigung, Verständnis, Anerkennung, Wertschätzung),
- informative Unterstützung (u.a. Rat, Hinweise, Infos),
- praktische Unterstützung (u.a. Hilfe bei der Tätigkeit selbst, finanzielle Unterstützung).

Gelingende soziale Unterstützung ist daran erkennbar, dass die Stressbelastung sinkt. Die helfende Person selbst kann dabei häufig nicht ermessen, ob ihre Unterstützung als hilfreich wahrgenommen wird oder nicht. Möglicherweise wird die gleiche Unterstützung einmal als hilfreich wahrgenommen und ein anderes Mal nicht. Die Gründe dafür sind vielfältig.

Einen wichtigen Einfluss auf die Verfügbarkeit sozialer Unterstützung hat das „soziale Netz“. Ein soziales Netz besteht aus Menschen, zu denen eine Beziehung besteht und die bei Bedarf kontaktiert werden können. Der Aufbau und die Pflege des sozialen Netzes ist keine Aufgabe des Stressmanagements – umgekehrt gelingt Stressmanagement besser, wenn für akute Belastungen auf ein soziales Netz zugegriffen werden kann.

Wie sieht Ihr soziales Netz aus? Mithilfe des Arbeitsblattes 8 (vgl. S. 102/103 im Anhang) können Sie sich einen Überblick verschaffen.

Zur Gestaltung des eigenen sozialen Netzwerks, auf das im Bedarfsfall zugegriffen werden kann und in dem auch andere auf Unterstützung zählen können, sind soziale Kompetenzen erforderlich. Soziale Kompetenzen sind alle Verhaltensweisen, die dabei helfen:
- Kontakte zu initiieren, Menschen kennenzulernen und auf andere Menschen zuzugehen;
- Beziehungen vertrauensvoll zu gestalten und dauerhaft aufrechtzuerhalten;
- Konflikte auszutragen und zu lösen, ohne andere zu verletzten oder sich selbst aufzugeben;
- Rechte einzufordern und durchzusetzen, beispielsweise durch adäquates „Nein“ sagen.

Soziale Kompetenzen können vor allem gut eingesetzt werden, um vor oder nach akuten Stressepisoden Situationen zu gestalten oder zu verändern. Während des Stresses ist der Zugriff auf diese Kompetenzen erschwert: Erhöhte Anspannung führt auch dazu, dass es schwerer fällt die richtigen Worte zu finden oder sich angemessen auszudrücken. Daher gilt es, diese Kompetenzen in stressfreien Situationen immer wieder zu üben, denn je selbstverständlicher Sie aktiv auf andere zugehen, desto besser können Sie dies auch bei steigendem Stressniveau.

3.4 Umgang mit hohen Anforderungen

Ein zentraler Ansatzpunkt der Stressbewältigung ist der Umgang mit sich selbst in Phasen, in denen die Anforderungen hoch sind. Im Vordergrund stehen dabei Strategien der kurzfristigen Stressbewältigung.

Alles was bisher dargestellt wurde, also die individuelle Stress-Analyse, die regenerativen Strategien zur Linderung der Stressfolgen und die Strategien für die Veränderung von Stressauslösern sind dafür eine wichtige Basis. Auch bei steigenden Anforderungen gilt es ressourcenaufbauende und regenerative Aktivitäten beizubehalten, um eine grundlegende Stabilität zu wahren.

Ziel der kurzfristig wirksamen Stressbewältigung ist es, bei steigender Belastung hilfreiche Gedanken und Aktivitäten verfügbar zu haben, um akut anstehenden Stress besser bewältigen zu können. Eine Stressepisode kann durch zwei Arten von hohen Anforderungen verursacht werden:

- akute Überlastung in einer begrenzten Situation,
- andauernde Überlastung wegen zu hoher Arbeitsmenge oder chronischer Überforderung.

Bewältigungsaktivitäten gezielt planen und einsetzen

Der idealtypische Ablauf im Umgang mit hohen Anforderungen besteht darin, so rechtzeitig auf die eigenen Stresssignale zu achten (vgl. Selbstanalyse in Kapitel 3.1), dass es nicht zu einer Überlastung und einer Hochstressphase kommt. Tabelle 3 zeigt einen schrittweisen idealtypischen Ablauf, um frühzeitig das Auftreten akuter Stressphasen zu reduzieren.

Tabelle 3: Idealtypischer Ablauf der frühzeitigen Reaktion auf hohe Anforderungen

Idealtypischer Ablauf	Akute Belastung (Beispiele)	Andauernde Belastung (Beispiele)
1. Stresssignale frühzeitig erkennen	• „Mein Nacken ist verspannt." • „Ich kann die Prioritäten nicht richtig setzen."	• „Nächsten Monat kommen zu viele Termine auf mich zu." • „Der Konflikt mit den Nachbarn wird so schnell nicht zu lösen sein."
2. STOPP zu sich selbst sagen	• „So wird das nichts – Stopp."	• „Ich könnte in Stress geraten – aufpassen."
3. Gegenmaßnahmen rechtzeitig ergreifen	• „Ich brauche eine kurze Pause." • „Ich höre auf zu denken und schreibe eine To-do-Liste."	• „Ich brauche zwischen den Terminen Zeit für mich. Das kommuniziere ich frühzeitig." • „Ich möchte gute Freunde treffen, damit ich mich gut ablenken kann."
4. Wirkung der Gegenmaßnahmen überprüfen	• „Jetzt geht es wieder."	• „Das reicht noch nicht, ich brauche noch mehr Zeit für mich."

Als Strategien für das rechtzeitige Ergreifen von Gegenmaßnahmen (Schritt 3) wurde in den vorhergehenden Abschnitten von Kapitel 3 dieses Ratgebers eine Reihe von Möglichkeiten vorgestellt: regenerative Strategien, Zeitmanagement, soziale Unterstützung oder Ideen zum Umgang mit stressfördernden Denkfehlern.

Gelingt es frühzeitig, hohe Anforderungen abzupuffern und dabei selbstfürsorglich zu sein, bleibt die Kontrolle über die Situation bestehen und die Bewältigungsmöglichkeit wird als hoch eingeschätzt. Auf diese Weise kann Stress als positive Aktivierung dabei helfen, die Konzentration zu schärfen und Aufgaben gezielt zu bearbeiten. Wenn das der Fall ist, spricht dies bei ausreichender Balance dafür, dass sich Ihre Stressbewältigungskompetenzen noch weiter verbessern können.

Fallbeispiel: Stresssignale frühzeitig erkennen

Frau D., 51 Jahre alt, arbeitet als EDV-Trainerin und bereitet sich mit hohem Einsatz und viel Engagement auf jede neue Schulung vor. Sie spüre zwar, dass ihr Vorbereitungsaufwand sehr hoch sei und sie immer wieder gestresst über die viele Arbeit stöhne – sie könne es jedoch nicht ändern: Die Sorge davor, in der Schulungssituation nicht ausreichend vorbereitet zu sein, treibe sie immer weiter an. Nun sei es während einer Schulung zu einer Panikattacke gekommen und Frau D. haben das Training abgebrochen.

Sie sucht einen Psychotherapeuten auf. Während der Analyse der Situation fallen Frau D. zwei stressfördernde Denkfehler auf, denen sie wie selbstverständlich gefolgt sei: (1) „Solange ich nicht perfekt vorbereitet bin, habe ich keine Pause verdient“ und (2) „Ich darf keinen Fehler machen, sonst passiert eine Katastrophe“. Mit diesen Einstellungen war für Frau D. die Vorbereitung einer Schulung niemals abgeschlossen, da sie im Kopf ständig alle Optionen abarbeiten musste.

Die beiden Denkfehler wurden zu Stresssignalen für Frau D. Jedes Mal, wenn einer der Gedanken auftauchte, sagte sie sich Stopp und benannte Alternativgedanken. Die neuen Gedanken: (1) „Weil ich mich anstrenge, brauche ich regelmäßige Pausen“ und (2) „Fehler können jedem immer mal passieren“ wurden somit zu Gegenmaßnahmen. Mit der Zeit wurde Frau D. deutlich, dass schon davor Stresssignale auftauchten und sie bereits frühzeitiger reagiere könnte, wenn sie weitere Aspekte berücksichtigt, anhand derer sie einschätzen kann, ob ihre Balance noch stimmt:

Aspekt 1: Wie weit ist die inhaltliche Vorbereitung?

Aspekt 2: Wie erholt und fit bin ich, um die Veranstaltung gut zu leiten?

Aspekt 3: Wie neugierig bin ich auf die Fragen der Teilnehmenden?

Diese Fragen stellt sie sich nun regelmäßig, um ihre Belastung besser einzuschätzen und dann rechtzeitig stressreduzierende Gegenmaßnahmen einzuleiten.

Vielfach gelingt der idealtypische Ablauf jedoch nicht und es steigt der Wunsch, die hohen Anforderungen zu vermeiden, da es unklar ist, ob der Stress gut zu bewältigen sein wird. Wie im Beispiel von Frau D. vermischen sich dann hohe äußere Anforderungen mit Gedanken und Gefühlen, die zum Stress beitragen. In diesen Fällen kann es dazu kommen, dass Stress als unkontrollierbar und überfordernd erlebt wird (bei Frau D. kam es zu einer Panikattacke). Der Körper aktiviert sich bis in den „roten Bereich" und schaltet auf ein Notfallprogramm um, um die Bedrohung zu meistern und das Überleben zu sichern. Es fällt in diesen Situationen schwer, sich selbst zu beruhigen.

Drei psychobiologische Reaktionsprogramme sind dafür verantwortlich:

- *Angriff:* Alle Energie wird investiert, um die Bedrohung zu bekämpfen. Das leitende Gefühl dabei ist meist Ärger und Wut. Das Resultat kann eine Eskalation der Situation sein.
- *Flucht:* Alle Energie wird investiert, um der Bedrohung zu entkommen. Erst wenn Distanz zum Stressor vorhanden ist, kann wieder Beruhigung einkehren. Leitendes Gefühl dabei ist Angst. Das Resultat kann sein, dass die gedankliche Beschäftigung mit der Situation anhält und keine Erholung gefunden wird.
- *Erstarren:* Die Situation wird als ausweglos angesehen, weder Flucht noch Angriff sind möglich, der Stressor wird als übermächtig eingeschätzt, so dass es zu einem Blackout kommt und die Person unfähig ist, zu reagieren. Leitendes Gefühl dabei ist Ohnmacht und Hilflosigkeit. Das Resultat ist, dass die Situation anhält.

Für diese Fälle sind Strategien der kurzfristigen Stressbewältigung erforderlich, die auch als Erste-Hilfe-Maßnahmen bei akutem Stress bezeichnet werden.

Erste-Hilfe-Maßnahmen bei akutem Stress

Erste-Hilfe-Maßnahmen bei akutem Stress zielen darauf ab, die eigene Handlungsfähigkeit zu erhalten. Im Vordergrund stehen somit kurzfristige Ziele (vgl. Abbildung 12):

1. Wirkung des Stressors stoppen.
2. Erregungsspitzen kappen, um eine weitere Eskalation zu vermeiden.
3. Umgehende Erholung sicherstellen.

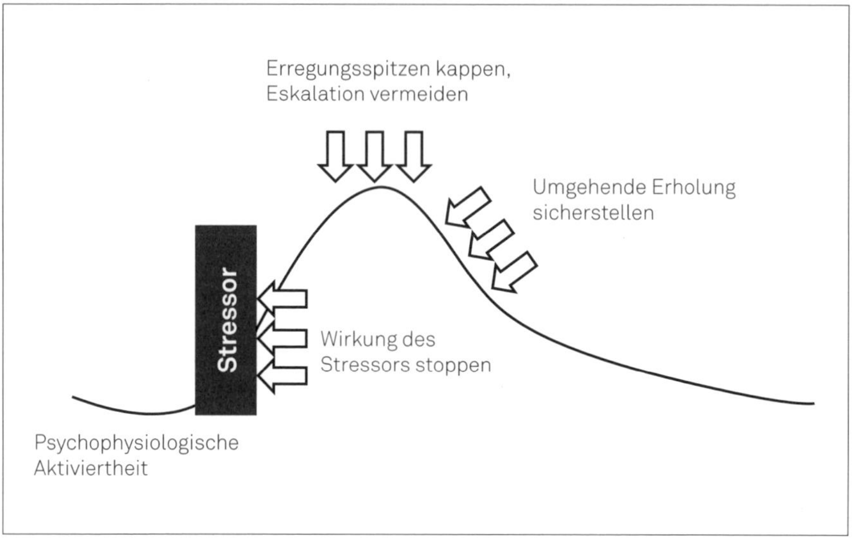

Abbildung 12: Ziele der kurzfristigen Stressbewältigung (nach Heinrichs, Stächele & Domes, 2015)

Die akute Stressreaktion soll dahingehend beeinflusst werden, (1) dass der Stressor in seiner Wirkung begrenzt wird (u.a. indem innere und äußere Distanz dazu geschaffen wird), (2) dass das eigene Verhalten nicht zu einer weiteren Eskalation der Situation beiträgt (u.a. durch Selbstberuhigung und Selbstermunterung) und (3) dass die Funktionsfähigkeit wiederhergestellt wird (u.a. durch Entspannungsübungen die der muskulären Verspannung entgegenwirken). Es geht ausschließlich darum, sich selbst wieder in einen handlungsfähigen Zustand zu versetzen. Dies ist möglich, indem psychobiologische Teufelskreise durchbrochen werden.

Teufelskreise halten sich aufrecht, indem sich unterschiedliche Reaktionen gegenseitig aufschaukeln. Bei akutem Stress werden mehrere Teufelskreise aktiv und erfordern den Einsatz gezielter Techniken der Stressbewältigung (vgl. Tabelle 4).

Als „Notfallkoffer bei Stress“ bezeichnen wir alle Maßnahmen, die individuell erprobt sind, um als Ersthilfe bei Stress die Teufelskreise zu durchbrechen und den Alltagsstress zu reduzieren. Hierzu zählen:

- Atemtechniken,
- Muskelanspannungs- und -entspannungstechniken,
- Achtsamkeitsübungen zur Wahrnehmungslenkung,
- Veränderung der Sprache mit sich selbst (Du- statt Ich-Perspektive),
- Selbstermunterungen und positive Selbstinstruktionen,
- Einnehmen einer Satellitenposition zu sich selbst,
- Hinzuziehen einer hilfreichen anderen Person.

Tabelle 4: Teufelskreise bei akutem Stress und hilfreiche Techniken

Teufelskreise	Aufschaukelungsprozess	Hilfreiche Technik
Teufelskreis 1	Akuter Stress erhöht die muskuläre Anspannung und umgekehrt führt muskuläre Anspannung zu Stress.	Entspannung
Teufelskreis 2	Akuter Stress lässt die Atmung verflachen, was wiederum zu reduzierter Sauerstoffaufnahme führt und den Stress vergrößert.	Atemtechniken
Teufelskreis 3	Akuter Stress führt zu einer Fokussierung der Wahrnehmung auf bedrohliche und unkontrollierbare Situationsmerkmale. Wenn diese noch deutlicher in den Vordergrund rücken, steigt der Stress.	Aufmerksamkeitslenkung
Teufelskreis 4	Akuter Stress verändert das Denken. Die Gedanken kreisen um mögliche Katastrophen und negative Folgen der aktuellen Situation. Es fällt dann schwerer, Entscheidungen zu treffen und mögliche positive Problemlösungen zu erkennen. Entscheidungsunfähigkeit und fehlende Zuversicht verstärken den Stress.	Distanz zur Stressquelle schaffen Positive Selbstermunterung

Im Folgenden werden drei erprobte Techniken vorgestellt. Weitere vertiefende Hinweise dazu finden Sie in der weiterführenden Literatur am Ende des Ratgebers.

Atemtechniken. Sich auf die Atmung zu konzentrieren hat eine rasche Wirkung auf die vegetative Stresskomponente, da bei steigender Aktivierung der Sauerstoffbedarf steigt und sich vielfach gleichzeitig die Atmung verflacht. Dieses Missverhältnis kann durch gezieltes Atmen ausgeglichen werden. Es gibt eine Vielzahl hilfreicher und etablierter Atemtechniken. An dieser Stelle wird eine kurze wirksame Atemübung beispielhaft dargestellt.

Übung: Bauchatmung

Legen Sie Ihre rechte Hand sanft auf den Bauch. Nehmen Sie den Kontakt zwischen Handfläche und Bauchdecke wahr. Atmen Sie nun einige Male tief ein und langsam vollständig aus. Stellen Sie sich vor, wie der Luftstrom an den Rippen vorbei bis in den Bauchraum führt. Versuchen Sie ganz bewusst, den Atem im Bauchraum zu sammeln. Auch wenn das ungewohnt ist oder schwierig erscheint. Zur Unterstützung können Sie gedanklich mitsprechen:

Einatmen — Bauchdecke hebt sich.

Ausatmen — Bauchdecke sinkt ab.

Bleiben Sie mindestens eine Minute mit der Aufmerksamkeit bei Ihrer Atmung.

Wahrnehmungslenkung. Zur besseren Steuerung stressender und überwältigender Gefühle ist es hilfreich, sich selbst aus einer Außenperspektive zu betrachten. Sich selbst von außen zu betrachten, kann durch zwei Techniken erleichtert werden:

1. Sie treten innerlich zurück und führen Selbstgespräche, in denen Sie sich selbst einen Rat geben bzw. sich selbst instruieren, etwas zu tun. Möglicherweise auch Worte, die Ihnen ein guter Mentor jetzt raten würde. Dabei nutzen Sie keine „Ich“-Perspektive, sondern sprechen sich selbst als „Du“ an („Du setzt dich jetzt direkt an die Aufgabe“; „Mach langsam, das schaffst du“).
2. Sie betrachten sich selbst aus einer Helikopterperspektive oder durch die Augen einer Fliege an der Wand: Was würde eine Fliege sehen, die unbeteiligt an der Wand sitzt und auf Sie und die Situation blickt?

Eine weitere Möglichkeit zur Wahrnehmungslenkung weg vom Stressor ist das Ausführen komplizierter Bewegungen oder schwieriger Aufgaben. In diesem Sinne hilft Jonglieren oder auf Zehenspitzen laufen ebenso wie das Ausfüllen eines kniffligen Sudokus oder einer schwierigen Rechenoperation. In derartigen Fällen dient die Ablenkung auf eine komplizierte Aufgabe dazu, den Stressreiz zu beenden.

Positive Selbstermunterung. Das Denken ist bei steigendem Stress für negative Verzerrungen anfällig. Dies kann sich auch auf innere Dialoge auswirken. Anstelle sich jedoch durch stressfördernde Gedanken selbst weiter zu stressen, werden bei der Technik der positiven Selbstermunterung Sätze oder Worte genutzt, die individuell bedeutsam sind und eine beruhige oder aufbauende Wirkung haben. Hierzu haben sich formelhafte Selbstinstruktionen bewährt, die auch bei ansteigendem Stress noch erinnert werden. Als Erinnerungsstütze ist zu empfehlen, hilfreiche Sätze geschrieben bzw. bildhaft zur Verfügung zu haben. Beispielsweise auf dem Handy, als Postkarte an der Wand oder als Bildschirmschoner.

Eine gute Selbstinstruktion ist *individuell wirksam* (weil sie möglicherweise an frühere erfolgreich bewältigte Situationen erinnert), *klingt ansprechend* – ist möglicherweise sogar gereimt und *positiv formuliert*, und ist *kurz und prägnant*. Mögliche Sätze für positive Selbstermunterungen sind z. B.:

- „Ich bin wie ich bin und ich krieg's hin."
- „Gelassen und heiter komme ich weiter."
- „Bleib cool – die Welt kann warten."

Alle Techniken der Ersthilfe bei Stress dienen ausschließlich der kurzfristigen Erleichterung und der Bewältigung der akuten Stressepisode. Eine langfristige Problemlösung, die Verbesserung der Belastbarkeit oder sogar eine umfassendere Änderung der Lebenssituation sollten unabhängig vom akuten Stress analysiert und entschieden werden.

3.5 Entspannungstechniken

Körperliche Entspannung zu trainieren ist eine gängige und wirksame Maßnahme des Stressmanagements. Der Spitzenverband der bundesdeutschen Krankenkassen (GKV Spitzenverband) formuliert in seinem „Leitfaden Prävention" als zentralen Ansatzbereich des palliativ-regenerativen Stressmanagements die „Förderung der Entspannung". Entsprechende Trainings werden von den Krankenkassen häufig angeboten oder bezuschusst.

Eine steigende körperliche Anspannung ist eine Veränderung, die Stress mit sich bringt. Gleichzeitig hält die Anspannung den Stress aufrecht. Aus diesem Zusammenwirken kann sich ein Teufelskreis ergeben: Stress erhöht die muskuläre Anspannung und bei muskulärer Anspannung kann der Stress nicht enden. Schlussendlich folgen Verspannungen bis hin zu Rückenleiden oder orthopädischen Beschwerden als direkte stressassoziierte Symptome. Gerade bei einem chronisch erhöhtem Stressniveau sind daher Entspannungsverfahren wirksam.

Entspannungsverfahren können in einem strukturierten Training erlernt oder im Selbststudium erprobt werden. Die Bandbreite an Verfahren, die mittels Entspannung gegen Stress eingesetzt werden, ist groß. Hierzu zählen:

- Atemtechniken,
- Progressive Muskelrelaxation nach Jacobsen,
- Autogenes Training,
- Yoga,
- Qi Gong oder Tai Chi.

Wichtig ist dabei, dass sich ein nachhaltiger Effekt nicht bereits nach einmaliger Durchführung einstellt, sondern die Wirkung sich durch längerfristiges Training verbessert.

Warum sollten Entspannungsverfahren regelmäßig trainiert werden?

Die Wirkweise von Entspannungsverfahren ist bei der Progressiven Muskelentspannung besonders gut untersucht. Es geht dabei nicht darum, die Muskeln einfach erschlaffen zu lassen. Wichtig ist es, die Grundanspannung von tieferliegenden Muskeln und Gefäßen nachhaltig zu reduzieren. Dies erfolgt über ein bewusstes Wahrnehmen der Differenz zwischen Anspannung und Entspannung. Je häufiger dies praktiziert wird, desto schneller und wirkungsvoller kann dieser neu erlernte Entspannungszustand auch in Alltagssituationen wieder abgerufen werden. Im besten Fall dann auch während hoher Stressbelastung.

3.6 Stress – Welche Unterstützung ist angemessen?

Im Rahmen dieses Ratgebers wollten wir deutlich machen, dass Stress an sich nicht behandlungsbedürftig ist. Allerdings kann Stress im Zusammenhang mit unterschiedlichen weiteren Beschwerden auftreten. Diese können durch den Stress verursacht oder davon unabhängig sein. In den meisten Fällen kann Stress durch Selbsthilfemaßnahmen oder allgemeinen Präventions- und Entspannungsverfahren gut begegnet werden.

Für die Beantwortung der Frage, ob eine stressbezogene Behandlung erforderlich ist, können die folgenden Fragen herangezogen werden:

1. Zeigen die bereits erfolgten Maßnahmen der Selbsthilfe und Prävention keine ausreichende Wirkung?
2. Sehen Sie keine Möglichkeit, Ihre eigene Situation selbst zu verbessern und den Stress zu mindern?
3. Empfinden Sie gutgemeinte Ratschläge und Hinweise aus dem sozialen Umfeld als Angriff und führen diese bei Ihnen zu erhöhter Gereiztheit und Konflikten?
4. Sehen Sie einen Zusammenhang zwischen Ihren körperlichen oder psychischen Symptomen und chronischem Stress?
5. Verschlechtern sich Symptome von körperlichen oder psychischen Vorerkrankungen im Zusammenhang mit Stress oder treten diese bei Stress erneut auf?

Sollten Sie Fragen dieser Liste mit „ja" beantworten und darüber hinaus eine professionelle diagnostische Abklärung wünschen, können Sie sich an einen Psychotherapeuten wenden. Im Rahmen einer psychotherapeutischen Sprechstunde haben Sie die Möglichkeit, sich zu Ihren Beschwerden informieren zu lassen und Hinweise zu erhalten, welche mögliche Behandlung als angemessen angesehen wird.

Wichtig: Stress und Stressbewältigung

- Die Verbesserung der Stressbewältigung umfasst die individuelle Analyse des Stresses sowie den Aufbau von Kompetenzen, die zur Linderung der Stressfolgen, zur Kontrolle der Stressauslöser und zum Umgang mit hohen Anforderungen hilfreich sind.

- Im Vordergrund steht die Wiederherstellung der Balance zwischen Stressoren und Ressourcen, so dass die Bewältigung von alltäglichen Anforderungen ohne das Auftreten von Symptomen und überfordernden Stressepisoden möglich wird.
- Kurzfristige Stressbewältigung ist von langfristiger Stressbewältigung zu unterscheiden. Bei kurzfristiger Stressbewältigung steht eine einzelne Stressepisode im Vordergrund, für deren Bewältigung spezielle Techniken der psychologischen Ersthilfe bei Stress erlernt werden können.
- Entspannungsverfahren gelten als grundlegende Verfahren zum Ausgleich bei hohen Anforderungen. Entspannung allein reicht in vielen Fällen jedoch nicht aus, um den Stress zu bewältigen, daher beinhaltet der Aufbau von Stressbewältigungskompetenz auch Strategien zur Veränderung von Verhalten, Gedanken, sozialer Integration und alltäglicher Abläufe.

Anhang

Literatur

Zitierte Literatur

Hapke, U., Maske, U. E., Scheidt-Nave, C., Bode, L., Schlack, R. & Busch, M. A. (2013). Chronischer Stress bei Erwachsenen in Deutschland: Ergebnisse der Studie zur Gesundheit Erwachsener in Deutschland (DEGS1). *Bundesgesundheitsblatt – Gesundheitsforschung – Gesundheitsschutz, 56* (5–6), 749–754. https://doi.org/10.1007/s00103-013-1690-9

Heinrichs, M., Stächele, T. & Domes, G. (2015). *Stress und Stressbewältigung.* Göttingen: Hogrefe.

Techniker Krankenkasse (2016). *Entspann Dich Deutschland. TK Stressstudie 2016.* Verfügbar unter: https://www.tk.de/resource/blob/2026630/9154e4c71766c410dc859916aa798217/tk-stressstudie-2016-data.pdf

Weiterführende Literatur

Hainbuch, F. (2015). *Progressive Muskelentspannung* (mit Audio CD). München: G & U.

Hillert, A., Koch, S. & Lehr, D. (2018). *Burnout und chronischer beruflicher Stress: Ein Ratgeber für Betroffene und Angehörige.* Göttingen: Hogrefe. https://doi.org/10.1026/02833-000

Kaluza, G. (2018). *Stressbewältigung: Trainingsmanual zur psychologischen Gesundheitsförderung* (4. Aufl.). Berlin: Springer. https://doi.org/10.1007/978-3-662-55638-2

Riemann, D. (2016). *Ratgeber Schlafstörungen: Informationen für Betroffene und Angehörige.* Göttingen: Hogrefe. https://doi.org/10.1026/02745-000

Stächele, T. & Volz, H.-P. (2013). *Taschenatlas Stress.* Linkenheim-Hochstetten: Aesopus.

Wagner-Link, A. (2009). *Aktive Entspannung und Stressbewältigung. Wirksame Methoden für Vielbeschäftigte* (6., völlig neu bearbeitete Aufl.). Renningen: Expert.

Arbeitsblätter

Arbeitsblatt: Signale von Stress in verschiedenen Bereichen **1**

Geben Sie durch Ankreuzen an, in welchen Bereichen Sie in den letzten Tagen und Wochen Symptome einer hohen Stressbelastung wahrgenommen haben. Anhand der Anzahl der einzelnen „Symptome“ in den entsprechenden Bereichen können Sie herausfinden, welches Ihre persönlichen Anzeichen erhöhter Stressbelastung sind. Zudem können Sie bei wiederholtem Ausfüllen herausfinden, in welchen Bereichen sich Ihre Symptome verändern bzw. verstärken oder nachlassen.

Gedanken

- ☐ Abwertende Selbstgespräche
- ☐ Konzentrationsschwierigkeiten
- ☐ Vergesslichkeit
- ☐ Konzeptlosigkeit
- ☐ Unentschlossenheit
- ☐ Alpträume
- ☐ Tagträume
- ☐ Grübeln
- ☐ Übermäßige Sorgen
- ☐ Probleme, Wesentliches von Unwesentlichem zu unterscheiden
- ☐ Leere im Kopf (Blackout)
- ☐ ____________________
- ☐ ____________________
- ☐ ____________________

Gefühle

- ☐ Labilität
- ☐ Gereiztheit
- ☐ Unkontrollierte Wut
- ☐ Den Tränen nahe sein
- ☐ Launenhaftigkeit
- ☐ Angst
- ☐ Antriebslosigkeit
- ☐ Frust
- ☐ Einsamkeit
- ☐ Überlastung
- ☐ Wunsch, im Boden zu versinken
- ☐ Rückzugswunsch
- ☐ Unzufriedenheit
- ☐ Unausgeglichenheit
- ☐ Hoffnungslosigkeit
- ☐ Traurigkeit
- ☐ Gereiztheit
- ☐ Innere Leere
- ☐ Versagensängste
- ☐ Hilflosigkeit
- ☐ ____________________
- ☐ ____________________
- ☐ ____________________

Arbeitsblatt: Signale von Stress in verschiedenen Bereichen (Forts.) 1

Körper

- ☐ Kopfschmerzen
- ☐ Rückenschmerzen
- ☐ Muskuläre Verspannungen
- ☐ Magen- oder Darm-beschwerden
- ☐ Hoher Blutdruck
- ☐ Herzrasen
- ☐ Kalte, feuchte Hände
- ☐ Starkes Schwitzen
- ☐ Vermehrter oder verminderter Appetit
- ☐ Schlaflosigkeit
- ☐ Erschöpfung
- ☐ Chronische Müdigkeit
- ☐ Gehäufte Erkältungen
- ☐ Infektionen
- ☐ Schwindelattacken
- ☐ Verminderte Libido
- ☐ ______________________
- ☐ ______________________
- ☐ ______________________

Verhalten

- ☐ Stottern/hastiges Sprechen
- ☐ Zunahme von kleinen Missgeschicken
- ☐ Selbstmedikation
- ☐ Gesteigerter Alkoholkonsum
- ☐ Vermehrtes Rauchen
- ☐ Hektik
- ☐ Unpünktlichkeit
- ☐ Sozialer Rückzug
- ☐ Vernachlässigen privater Kontakte
- ☐ Unordnung
- ☐ Übersteigerter Ordnungssinn
- ☐ Übermäßiges Essen
- ☐ Appetitlosigkeit
- ☐ Versuche, mehrere Dinge gleichzeitig zu erledigen
- ☐ Vernachlässigen von Hobbys und Freizeit
- ☐ Weniger Bewegung als sonst
- ☐ Andere unterbrechen/nicht zuhören
- ☐ Aggressives Verhalten
- ☐ ______________________
- ☐ ______________________
- ☐ ______________________

Arbeitsblatt: Stress in verschiedenen Lebensbereichen 2

Leitfragen

- Was stresst mich in meinem Leben?
- Welcher Bereich meines Lebens ist besonders belastend?

Schätzen Sie das Stressniveau in Ihren Lebensbereichen ein:

(0 = „kein Stress, positiv" bis hin zu 10 = „sehr belastend, negativ")

Sollten weitere Bereiche bedeutsam sein oder Lebensbereiche weiter aufgeschlüsselt werden, nutzen Sie dafür die freien Zeilen.

Gesundheit und Körper	________
Familie und Partnerschaft	________
Arbeit und Beruf	________
Freizeit und Hobbys	________
Materielle Sicherheit	________
____________________	________
____________________	________

Zeichnen Sie ein Vieleck, benennen Sie die Eckpunkte und tragen Sie den Belastungsgrad ein:

Wählen Sie einen Lebensbereich aus, bei dem Sie einen hohen Belastungsgrad haben und bearbeiten Sie für diesen Lebensbereich Arbeitsblatt 3.

Arbeitsblatt: Stressauslöser und Stresspuffer in einem bestimmten Lebensbereich 3

Leitfragen

- Was genau ist es, das in diesem Lebensbereich so belastend und stressauslösend ist?
- Was ist in diesem Lebensbereich angenehm, positiv oder erfreulich?
- Wie soll es für mich in diesem Lebensbereich weitergehen?

1. Um welchen Lebensbereich geht es?

(Sie können das Arbeitsblatt auch mehrfach für verschiedene Bereiche ausfüllen, kopieren Sie es zu diesem Zweck mehrfach vorab.)

____

____

2. Notieren Sie nun, was genau im ausgewählten Lebensbereich stressauslösend und evtl. auch erschöpfend ist.

(Bitte alle belastenden Gedanken, Gefühle, Personen oder Tätigkeiten notieren, die Sie mit diesem Lebensbereich verbinden. Sollte der Platz nicht reichen, nutzen Sie ein separates Blatt.)

____

____

____

____

____

____

____

____

Arbeitsblatt: Stressauslöser und Stresspuffer in einem bestimmten Lebensbereich (Forts.) 3

3. **Notieren Sie nun auch, was für Sie in diesem Lebensbereich angenehm, positiv oder erfreulich ist.**

   (Bitte alle entlastenden und positiven Gedanken, Gefühle, Personen oder Tätigkeiten notieren, die Sie mit diesem Lebensbereich verbinden. Sollte der Platz nicht reichen, nutzen Sie ein separates Blatt.)

4. **Betrachten Sie nun nochmals Ihre Notizen zu Frage 2 und 3. Sie sollen nun eine bewusste Entscheidung darüber treffen, wie es für Sie in diesem Lebensbereich weitergehen soll. Möchten Sie alles so belassen oder sehen Sie Handlungsmöglichkeiten? Wählen Sie auch einen Zeitraum aus, für den diese Entscheidung gelten soll.**

   (Möglicherweise gibt es nun auch weitere Aspekte zu Frage 2 und 3, ergänzen Sie diese dann noch in den entsprechenden Zeilen.)

Arbeitsblatt: Mehrebenen-Ampel bei Stress

4

	Gedanken	Gefühle/ Stimmung	Körperliche Veränderungen	Verhalten/ Impulse
10 ↑ ROT				
GELB				
GRÜN 0				

Arbeitsblatt: Eigene stressfördernde Denkfehler identifizieren 5

Sie möchten Ihre eigenen Gedanken hinterfragen, die zu Ihrem Stress beitragen. Hierzu ist es erforderlich, dass Sie nicht gestresst sind, wenn Sie dieses Arbeitsblatt ausfüllen. Nehmen Sie sich dafür Zeit und ziehen Sie sich an einen Ort zurück, an dem Sie in Ruhe daran arbeiten können.

Beantworten Sie die folgenden Fragen bitte schriftlich. Durch das Niederschreiben verlangsamt sich das Tempo, was erforderlich ist, um die Antworten treffender zu formulieren:

Stellen Sie sich eine Situation vor, in der Sie in Stress geraten. Welche typischen Gedanken tauchen dabei auf?

____

____

____

Welches Gefühl ist mit dem Gedanken verbunden?

____

Wie intensiv ist dieses Gefühl? (Skala: 0 bis 100) ________________

Wählen Sie einen Ihrer Stressgedanken aus und hinterfragen Sie ihn. Bearbeiten Sie dafür die Fragen von Arbeitsblatt 6. Formulieren Sie anschließend hier Ihren Alternativgedanken:

____

____

____

Welches Gefühl ist jetzt mit dem Gedanken verbunden?

____

Wie intensiv ist dieses Gefühl? (Skala: 0 bis 100) ________________

Arbeitsblatt: Stressfördernde Denkfehler hinterfragen 6

Bitte notieren Sie den stressfördernden Gedanken, der hinterfragt werden soll:

____

Technik	Konkrete Fragen zur vertieften Analyse des Gedankens
Fakten-Check	Prüfen Sie den Realitätsgehalt des Gedankens: • Welche überprüfbaren Daten und Fakten untermauern meinen Gedanken, welche entkräften ihn? • Welche Hinweise sprechen für diesen Gedanken, welche dagegen? • Sind meine Gedanken logisch schlüssig? • Welche anderen Erklärungen gibt es?
Perspektivwechsel	Nehmen Sie unterschiedliche Perspektiven in Bezug auf den Gedanken ein: • Wie würde eine andere (unbeteiligte, neutrale, unabhängige) Person die Situation bewerten? • Wenn Sie kurz innerlich zurücktreten und die Situation aus mehr Distanz betrachten: Wie bewerte ich die Situation jetzt? • Habe ich in der Vergangenheit Erfahrungen gesammelt, die mir zeigen, dass es auch anders kommen kann? • Wie würde ich darüber denken, wenn ich mich schon besser fühlen würde? • Was würde ich einem Freund raten, zu denken? • Gibt es Denkweisen zwischen den Extremen? • Kann man die Sache aus einem anderen Blickwinkel sehen?

Arbeitsblatt: Stressfördernde Denkfehler hinterfragen (Forts.) 6

Technik	Konkrete Fragen zur vertieften Analyse des Gedankens
Bedeutsamkeit für das Leben	Hinterfragen Sie die Bedeutsamkeit des Gedankens für Ihr Leben: • Wie bedeutsam ist diese Situation für mein ganzes Leben? • Was kann ich aus dieser Situation lernen? • Bin ich offen für andere Wahrnehmungen? • Welche positiven Seiten gibt es an dieser Situation? Wo liegen Chancen und Möglichkeiten? • Sind meine Gedanken oft durch Wörter wie „immer, nie, die Welt ist, der Mensch muss" gekennzeichnet?

Arbeitsblatt: Mein Erholungsplan 7

Sie möchten sich gezielt erholen. Erstellen Sie hierfür Ihren individuellen Plan. Sollten Sie unterschiedliche Belastungssituationen haben, von denen Sie sich erholen möchten, dann kopieren Sie das Übungsblatt und nutzen Sie es mehrfach.

1. Von was möchten Sie sich erholen?

(Beschreiben Sie in Stichworten die Situation und die für Sie spürbare Ermüdung, z.B. Nackenverspannungen von langem Sitzen oder zu vielen Gesprächen mit Kunden, möchte mit niemandem reden.)

____

____

____

2. Wie viel Zeit steht Ihnen dafür zur Verfügung, bevor die nächste Belastung ansteht?

(z.B. eine Stunde Mittagspause, ein paar Minuten zwischen zwei Terminen, das Wochenende)

____

3. Teilen Sie die Zeit in die drei Phasen „Distanzieren“, „Erholen“ und „Orientieren“ auf.

(Die Phasen müssen nicht gleich lang sein, grobe Schätzungen sind ausreichend.)

Zeit für Distanzierung:	Zeit für Erholung:	Zeit für Orientierung:
____________	____________	____________

Arbeitsblatt: Mein Erholungsplan (Forts.) 7

4. Sammeln Sie gezielt Aktivitäten, die in der jeweiligen Phase zur Regeneration für Sie hilfreich sind.

(evtl. Aktivitäten, die Sie bereits kennen oder die früher hilfreich waren)

Distanzieren	Erholen	Orientieren
______	______	______
______	______	______
______	______	______
______	______	______

5. Markieren Sie in der Auflistung pro Phase diejenigen Aktivitäten, die Sie konkret erproben möchten.

(z. B. To-do-Liste schreiben und Spazierengehen [Distanzieren], Fernsehschauen [Erholen], Kleider bereitlegen und Terminkalender anschauen [Orientieren])

6. Setzen Sie den Plan um und schätzen Sie die Wirkung ein.

(Markieren Sie die treffende Stelle auf der Linie.)

0 1 2 3 4 5 6 7 8 9 10

gar nicht hilfreich — sehr hilfreich

Arbeitsblatt: Das soziale Netz **8**

Zum „sozialen Netz“ gehören alle Menschen, mit denen eine Person Kontakt hat und die möglicherweise als Unterstützung aktiviert werden können oder die einfach da sind, wenn es drauf ankommt.

1. Personen finden

In der folgenden Tabelle werden verschiedene Anlässe unterschieden, in denen soziale Unterstützung wirksam werden kann. Tragen Sie in die Tabelle die Namen der Menschen ein, die Ihnen einfallen, wenn es darum geht, in stressigen Zeiten unterstützt zu werden. Die Bereiche Arbeitsleben und Privatleben werden hier getrennt betrachtet. Wenn es bei Ihnen andere spezifische Lebensbereiche gibt, in denen Sie sozial vernetzt sind, können Sie die Spalten auch anders benennen.

Bereich	Arbeitsleben	Privatleben
Emotionale Unterstützung		
Sportliche Aktivitäten		
Geselligkeit		
Problemlösung		
Sonstiges: ____________		

Arbeitsblatt: Das soziale Netz (Forts.) 8

2. Soziales Netz gestalten

Gehen Sie die Namen in der Tabelle gedanklich durch und überlegen Sie, mit welchen Aktivitäten Sie den Kontakt festigen, stabilisieren oder wiederaufnehmen können. Ziel ist es, dass Sie sich positiv eingebunden fühlen.

Sollten Sie der Meinung sein, dass zu wenige oder zu viele Personen in einem Feld auftauchen, dann überlegen Sie, mit wem Sie den Kontakt verstärken oder reduzieren möchten.

Buchtipps

Andreas Hillert / Stefan Koch / Dirk Lehr
Burnout und chronischer beruflicher Stress
Ein Ratgeber für Betroffene und Angehörige

(Reihe: „Ratgeber zur Reihe Fortschritte der Psychotherapie", Band 39). 2018, 89 Seiten, Kleinformat, € 9,95 / CHF 13.50
ISBN 978-3-8017-2833-5
Auch als eBook erhältlich

Der Ratgeber informiert über die Zusammenhänge von beruflicher Belastung sowie von Stress- und Burnouterleben. Er stellt wissenschaftlich fundierte und praktisch bewährte Strategien vor, wie chronischem Stress begegnet werden kann.

Sybille Hubert / Jürgen Bengel
Der Umgang mit belastenden Lebensereignissen
Ein Ratgeber zu Anpassungsstörungen

(Reihe: „Ratgeber zur Reihe Fortschritte der Psychotherapie", Band 42). 2020, 85 Seiten, Kleinformat, € 9,95 / CHF 13.50
ISBN 978-3-8017-2999-8
Auch als eBook erhältlich

Der Ratgeber erläutert, wie Anpassungsstörungen entstehen und verlaufen und geht auf Wege der Unterstützung durch den Hausarzt oder Psychotherapeuten ein. Zudem werden Möglichkeiten der Selbsthilfe aufgezeigt.

Dieter Riemann
Ratgeber Schlafstörungen
Informationen für Betroffene und Angehörige

(Reihe: „Ratgeber zur Reihe Fortschritte der Psychotherapie", Band 2)
2., aktualisierte Auflage 2016, 71 Seiten, Kleinformat, € 9,95 / CHF 13.50
ISBN 978-3-8017-2745-1
Auch als eBook erhältlich

Die Neuauflage des Ratgebers stellt wirkungsvolle verhaltenstherapeutisch orientierte Maßnahmen zur Reduktion von Schlafstörungen dar.

www.hogrefe.com

hogrefe